工业品销售十堂课

郑锋 郑琰 著

机械工业出版社

图书在版编目（CIP）数据

工业品销售十堂课 / 郑锋，郑琰著. -- 北京 : 机械工业出版社，2024.9. -- ISBN 978-7-111-76564-6

I. F764

中国国家版本馆 CIP 数据核字第 2024EX4877 号

机械工业出版社（北京市百万庄大街 22 号　邮政编码 100037）
策划编辑：谢晓绚　　　　　　　　　责任编辑：谢晓绚　崔晨芳
责任校对：甘慧彤　张慧敏　景　飞　责任印制：邸　敏
三河市宏达印刷有限公司印刷
2024 年 11 月第 1 版第 1 次印刷
147mm×210mm・6 印张・1 插页・90 千字
标准书号：ISBN 978-7-111-76564-6
定价：59.00 元

电话服务　　　　　　　　　　　网络服务
客服电话：010-88361066　　　　机　工　官　网：www.cmpbook.com
　　　　　010-88379833　　　　机　工　官　博：weibo.com/cmp1952
　　　　　010-68326294　　　　金　书　网：www.golden-book.com
封底无防伪标均为盗版　　　　　机工教育服务网：www.cmpedu.com

PREFACE 前言

我对营销情有独钟。人生，如果循规蹈矩、一成不变，将是多么无聊乏味。因此，我喜欢研究未知的、动态的、变化的事物。正是不确定性，激发起一个人的挑战欲和创新精神，它调动人的情绪，启发人的心智，激励人的行动，让人在一次次跌宕起伏的经历中实现突破，收获成果，为本来平淡的生命涂抹上绚丽的色彩。

20世纪80年代中期，我初中毕业，第一份工作是在县城医院里打零工，每天扛氧气瓶、整理杂物、搬运物资。第二年，我进入国营工厂当工人，穿上了那个年代令人羡慕的深蓝色工作服。在这家当时被誉为"全国十大标准件厂"的企业里工作几年后，我体验到了生产车间一线作业的艰辛，也从基层的视角对传统工业管理有了最初的模糊认知。那时候我开始学习写作，并很快达到痴迷的状态。我仅用了三年多的时间，就完成了从写作"小白"到小有名气的青年作家的转变。二十岁生日的时候，我给自己的礼物是一本散发着墨香、名为《心语》的书，那是我出版的第一部文集。一家年营业收入上亿元的国有商业集团公司向我抛出橄榄枝，以引进文化人才的方式把我调到这家公司的业务科工作。要知道，1990年前后，一亿元可不是一个小数目。在那里，我学习到了商业经营管理的基本知识。这中间我还从事过一段时间的专职清欠工作，我代表公司集中清理"呆滞账款"，锻炼了胆魄，提升了应变能力，同时又学到了一些经济法律常识。

1993年，我进入新闻媒体单位，依然是做经营，先后从事过广告、发行、印刷、新媒体等单项业务的经营工作，后来成长为单位分管全媒体经营管理的负责人，成功策划组织了多场大型商业活动，带领团队创造了辉煌的经营业绩。说到业绩，如果需要用数据印证的话，那我可以告诉你：我先是把广告业务做到原营业收入的150%，然后把印刷业务做到原营业收入的300%，最后把全媒体业务做到原营业收入的200%——没错，是倍增！媒体经营，销售的是文化产品，同样需要研究受众心理，精心做好策划和组织实施，才能达到预期效果。

看到以上经历，读者可能会觉得我的事业道路一直是坦途。哪有的事儿啊？坦途的另一面一定是险途。这背后有无数的曲折、困苦，内心也经历过彷徨、失落甚至绝望。除了每天工作日程满满，我还要学习、研究到深夜，也从未完整地享受过休息日，付出了超出常人极限的努力，但是我沉浸其中，达到忘我的境界。那时候我得了一个绰号——"疯子"（"疯"借了"锋"的谐音），"要成功，先发疯"嘛。在接下来的文字里，我也会穿插讲述一些自己身上不同寻常的小故事和营销策划案例，希望能给读者带来启发和激励。

絮絮叨叨回顾这些成绩不是为了炫耀，其实我想说的是——在医院、工厂、商业集团公司、新闻媒体等单位丰富的职业经历，以及跨行业的体验，极大地拓宽了我的视野，为我后来研究企业管理与营销创新，打下了坚实的实践基础。

在媒体担任广告部门负责人的时候，我写过一篇研究文章《浅谈广告中的美感》,探讨广告是如何通过情感输出打动受众的,这篇文章在省、市、区(县)三级数百家媒体推荐的上千篇论文中脱颖而出,获得了当年的省评一等奖第一名。这对当时年轻的我来说,无疑是一种巨大的激励。我顺着"广告传播"这条路径(后来我才明白广告传播其实是营销的一个环节),开始延展探寻经营管理的技巧、规律和逻辑,后来专注于创业创新、企业管理和营销的研究,这被我确定为新的专业方向。我如饥似渴地阅读大量经典管理著作,走访调研了数千家企业和商户——算下来,至今也有二十多年了。现在回想起来,在有限的人生中,这漫长的求知过程是非常难得的,面对不同的行业、不同的企业、不同的创业者,每一本书的阅读、每一场访谈、每一次交流与互动,无形中如同搭建了一层层的阶梯。我踩着这些阶梯往上走,持续地打开思维之门,提升认知。

2014年,我的第一部经管著作出版。此后的十年间,我相继创作了多部经管或创业创新类图书,也获得过很多国家级、省级、市级的荣誉。这期间,我受邀到全国各地的创业创新大赛当评委,到政府部门、大学和企业里去讲学和交流，还担任了省就业促进会副会长等职务。

思想要在实践中验证和完善，实践才是经管研究的终极意义。管理学大师彼得·德鲁克说："管理作为一种实践，其本质不在于知，而在于行；其验证不在于逻辑，而在于成果。"学习和研究的成果，要在实践中应用才能创造和实现价值。这些年，很多企业引入了我的管理和营销理论成果，它们在企业文化建设、管理提升、营销创新、品牌构建等方面，取得了显著的成效。

在长期针对企业管理和营销的研究过程中，我先后涉足农业、商贸、房地产、餐饮、食品、教育培训、文旅等多个领域。如此广泛的研究，让我对企业的实操运营形成了比较系统的思维框架。近年来，我开始"专业聚焦"，缩小研究范围，专注于研究工业制造企业的管理和营销。因为我越来越意识到，制造业是经济和社会发展的基石，在就业、税收、科技创新、拉动产业链等方面有非常重要的作用。

本书根据我给工业企业销售团队培训的一些内容整理而成，语言通俗易懂，架构非常简单，共计十堂课。由于是一堂堂相对独立的课程，内容上免不了有些交叉。

本书的整理工作由郑琰完成。作为广播电视台的一名主持人，郑琰对篇章结构设计和语言表达驾轻就熟，有效提高了成稿效率。同时，她也从年轻人的视角提出了一些很好的建议，对内容和案例进行了优化。为了让读者产生更好的阅读体验，增强代入感，本书通篇以"我"的口吻进行表述。

本书的目标读者很清晰——

想从事销售工作的人；

正在从事工业品销售的人；

建筑和工程类销售人员；

面向单位组织的其他销售者；

工业品销售部门管理者；

中小企业高管；

销售培训机构；

销售相关专业学生；

……

当然，那些从事非工业品销售，但目标客户是某些（采用团购或集采等方式进行采购的）政府部门、事业单位或企业的销售者仍然可以阅读本书。

本书没有深度阐述宏大的市场营销理论，而是通过理论与实践的融合梳理出销售行动指南，对初入销售职场的人更具启发性和指导意义。

我在这里需要说明三点：

第一，本书主要讲述的是工业品销售，而非工业品营销。很多人会把销售和营销混为一谈，实际上营销范畴更广，它包含了市场调研、产品设计、品牌规划、市场推广、渠道构建、销售、服务等多个环节。从体系上看，营销包括销售，销售是营销的一部分，经典4P营销理论聚焦于产品（Product）、价格（Price）、推广（Promotion）、渠道（Place），销售就是其中"推广"的一个环节。销售是"把东西卖出去"，营销是"如何把东西卖出去"。从营销的各要素来看，销售是营销的诸多环节中最关键的一环,也是对营销前期环节成果的检验。为了打开销售人员的思路,在本书的附录里,我也会对工业品营销进行概括性讲述。

第二,本书讲述的工业品销售属于 B2B 范围,即企业对企业的销售。什么是工业品?工业品是企业购买的用于生产经营的产品或耗材,包括原辅材料、设备、仪器仪表、零部件、工具等。本书讲的工业品销售还包括衍生服务,如设备改造和维保、技术服务、系统集成、专业咨询等的销售。其实关于 B2B 的更确切的说法,是企业对组织的销售,客户可能是企业,也可能是政府部门、事业单位及其他社会组织或经济组织,标的物不一定是工业品,也可能是办公用品、生活用品、物业服务、软件系统等产品或服务。从客户类别上看,组织的采购不同于 C 端的个人消费,它的决策程序复杂,交流过程长,成交金额大。我之所以把工业品销售整理成书,是因为我发现市面上针对 C 端销售的著作浩如烟海,针对 B 端营销和销售管理的图书也不少,而专门讲工业品或 B 端销售的图书却寥寥无几。

第三,在每堂课里,我都罗列出了 10 条内容,这可能出于我的强迫症特质。某些部分初看上去或许有些牵强，但其实都是教学需要的。作为讲授老师，定义相对统一数量的条目式框架，能够有效强化学员的记忆。我想强调的是，虽然每堂课我都讲了 10 条，但这些不是标准答案，而且永远不会有标准答案。它们应该仅仅是启发，希望抛砖引玉，让读者能借此打开思路，找到更多的方法和路径。

还有一个名词"客户"需要说明一下。本书所指的客户既包含了你的客户企业或单位，也会指向客户单位参与采购的某些决策人、参与者。同样是讲客户，"目标客户"是指存在业务发生可能但尚未成交的客户，"甲方""业主"也是对客户的称谓，本书统称为客户。

从事工业品销售和其他 To B 销售的伙伴们，双肩包、高速公路、车站、机场、会议室、PPT、客户项目现场……这些一定是你们非常熟悉的物品和场所。希望你们再次出差的时候，揣上这本书，让它陪伴你们走四海、闯天涯，实现辉煌的销售冠军梦！

郑锋

2024 年 8 月

目录 CONTENTS

前言

第1课 | 为什么选择做销售：

销售人员的10种收获   1

1. 突破收入限制   2
2. 提升专业能力   4
3. 提高综合素质   6
4. 培养和提高计划性和条理性   7
5. 培养更高的情商   8
6. 获得更好的发展机会   9
7. 看更多的世界和风景   10
8. 结识更多朋友   11
9. 更加热爱生活   11
10. 提升文化涵养   12

我的小故事：3 天 25 万步的行走　　　13

第 2 课 ｜ 什么人能成为出色的销售人员：

销售人员的 10 种能力　　　16

1. 自驱力　　　17

2. 学习力　　　19

3. 行动力　　　23

4. 沟通力　　　25

5. 专注力　　　27

6. 创新力　　　28

7. 坚韧力　　　30

8. 判断力　　　32

9. 注意力　　　33

10. 运算力　　　34

我的小故事：第一次销售经历　　　35

第 3 课 ｜ 如何塑造销售职场形象：

销售人员礼仪形象的 10 个注意事项　　　38

1. 仪容仪表　　　39

2. 沟通礼仪　　　40

3. 拜访客户　　　43

4. 餐饮接待　　　44

5. 坐车礼仪	45
6. 微信社交	46
7. 会议礼仪	48
8. 了解客户所在地的风俗禁忌	49
9. 形象定位与塑造	49
10. 互联网人设	51
我的小故事：博客维权	52

第 4 课 ｜ 销售过程中的必备信息有哪些：

销售人员须熟知的 10 项内容	54
1. 本公司的基本信息	56
2. 本公司的业务信息	58
3. 主要竞争对手的信息	58
4. 客户公司的基本信息	59
5. 客户公司的业务信息	59
6. 客户公司的关注点	60
7. 客户公司的业务风险	61
8. 业务操作流程	61
9. 客户公司与本公司的区域文化和商务礼仪	62
10. 行业政策与信息	62
我的小故事：一堂"囧"课	63

第 5 课 | 如何找到你的客户：

寻找客户的 10 条路径　　　　　　　65

1. 通过陌生拜访结识　　　　　　　66
2. 通过电话销售建立联系　　　　　67
3. 通过第三方组织引荐　　　　　　67
4. 通过关系链介绍　　　　　　　　69
5. 通过展会获得客户资源　　　　　70
6. 通过互联网社交转化客户　　　　71
7. 通过专家级营销吸引客户　　　　72
8. 通过公益性行动形成联结　　　　72
9. 通过合作开发市场　　　　　　　73
10. 通过客户转介绍　　　　　　　74
我的小故事：一个好产品的市场破冰　　75

第 6 课 | 如何敲开客户的大门：

陌生拜访的 10 种方法　　　　　　　78

1. 直接去客户公司拜访　　　　　　79
2. 在互联网上寻找相关人员的联系方式　80
3. 从保安身上寻求突破　　　　　　81
4. "潜"入客户公司　　　　　　　　82
5. 向客户公司员工求助　　　　　　83
6. 现场观察公开信息　　　　　　　83

7. 打听联系人的关键信息 　　　　　　84

8. 到附近商户找线索 　　　　　　　　85

9. 找客户公司领导 　　　　　　　　　85

10. 电话陌生拜访 　　　　　　　　　86

我的小故事：一件用心的小礼物 　　88

第 7 课 | 如何成为沟通高手：

销售沟通的 10 种技巧 　　　　　　　90

1. 简要陈述 　　　　　　　　　　　　92

2. 适当赞美和认同 　　　　　　　　　94

3. 放低身段求教 　　　　　　　　　　96

4. 善于倾听 　　　　　　　　　　　　97

5. 学会变通 　　　　　　　　　　　　98

6. 寻找共同话题 　　　　　　　　　　99

7. 持续性沟通 　　　　　　　　　　100

8. 底线与立场 　　　　　　　　　　101

9. 话术学习与应用 　　　　　　　　102

10. 设计多样化的沟通场景 　　　　103

我的小故事：一场商业冲突的斡旋者 　104

第 8 课 | 销售有哪些重要节点或数据：

销售的 10 个关注点 　　　　　　　108

1. 有效信息的搜集量 　　　　　　　109

2. 目标客户拜访量　　　　　112

3. 招投标或议标　　　　　　113

4. 销售额　　　　　　　　　114

5. 利润率　　　　　　　　　114

6. 回款情况　　　　　　　　115

7. 客户满意度　　　　　　　116

8. 老客户关系维护　　　　　118

9. 未来市场预期　　　　　　119

10. 市场布局与变化　　　　　119

我的小故事：客户满意度助力效率提升　　120

第9课 | 哪些错误认知需要矫正：

销售的10个误区　　　　　　124

1. 唯关系论　　　　　　　　125

2. 销售就是单兵作战　　　　128

3. 我分到的市场（客户）不好　　131

4. B2B销售不适合做互联网推广　　132

5. 销售就是向客户妥协　　　133

6. 销售就是短、平、快　　　134

7. 签完合同就万事大吉了　　136

8. 销售就是套路　　　　　　136

9. 只能做一辈子销售　　　　137

10. 谈钱就是价值观有问题　　140

我的小故事：一次关于价值观的争论　　141

第 10 课 | 销售有哪些常见的困惑：

销售的 10 个典型问题　　　　　　144

1. 如何解决商务洽谈中身份不对等的问题？
　　　　　　　　　　　　　　　　145
2. 遇到专业能力很强的客户怎么办？　145
3. 遇到爱挑刺儿的客户怎么办？　　146
4. 客户拿你和竞争对手作比较，如何应对？
　　　　　　　　　　　　　　　　147
5. 被客户明确拒绝怎么办？　　　　147
6. 如何向客户推销新产品（新技术）？　149
7. 客户拖延付款，该怎么催收？　　150
8. 什么样的客户要果断放弃？　　　152
9. 如何识别客户决策群体的需求和决策参与者？　　　　　　　　　　　153
10. 供应商和客户本质上是矛盾和对立的，销售人员如何处理这种矛盾？　154

我的小故事：营销那些事儿　　　　155

附录 | 用客户的头脑来思考：

"购买七单元"理论在工业品营销中的应用　160

第1课 为什么选择做销售：
销售人员的10种收获

从某种意义上讲，选择大于努力。你现在的境况，大都是因为过去的选择。想想当初选择了什么样的学习状态，选择了什么专业，选择了什么职业，选择了什么样的伴侣，今天又得到了什么样的结果。

选择让人焦虑、不安，甚至痛苦，而人这一生却要做出很多选择。感性的选择基于直觉、好恶，理性的选择基于分析、研判。职业选择是人生关键的一步。身在职场，到底应该如何明确自己的去向？今天读我的这本书的伙伴，可能你的心中萌生过选择销售岗位的意向，或者你现在已经是销售团队中的一员，你是否思考过，这个选择将给你的人生带来什么样的价值？

销售是一个岗位、一种职业，选择而后笃定，所以我更希望你把它当成一份事业。我当然知道这条路上充满了挑战，特别是对刚踏上销售征途的年轻人来说。你们前行的道路上一定有曲折泥泞，一定有艰难险阻，但是请记住，只要全力以赴、不断成长，一定会峰回路转、柳暗花明。当你的付出收获了声望、资源和财富的时候，当你的经历成为帮助你不断向上的人生的基石的时候，希望你能想起我今天说的这些话。

1. 突破收入限制

在工业企业里，大部分岗位的收入相对稳定但是有限。行政后勤岗位的薪资一般参照本地同行业水平；车间生产类岗位或项目工人类岗位可能按照绩效考核有一定比例的上下浮动，往往略高于行政后勤岗位；高级技术工人、工程师或研发专家的薪资还是比较有竞争力的。以上这些岗位的薪资，无论高低，一般浮动性较小。浮动性较大的则是销售岗位的薪资。大部分企业对销售岗位采用传统的"基本薪资+提成+超额奖"的方式,有的企业针对成熟市场也可能采用区域承包或全权代理的方式,那就意味着相应的销售人员已经成为与企业合作的"小老板"。不同企业有不同的销售激励政策,即使是同一企业的销售人员,也会因为业绩的高低产生很大的收入差距。

销售是企业的龙头。伙伴们一定见过春节演艺活动中舞龙的场景,龙头扬起来,龙的整个身子才能舞动起来。一般而言,企业对销售人员的收入是不封顶的。道理很简单,销售人员乃至销售团队拿到的钱越多,意味着企业卖出的产品越多,企业的收益也越多,这是相辅相成的。

据说世界上收入最高的销售员是人称"空客先生"的约翰·雷义。在他任职的23年里,空中客车平均每天卖掉两架客机,而他的收入也让全球的很多富豪望尘莫及。雷义即将退休的时候,他的老客户通过他订购了72亿美元的飞机,给他送了一份丰厚的退休大礼。

我到过全国各地的很多企业，见过年薪数百万元的销售员，几十万元的是大多数，少的也有十几万元。可能有人会质疑："十几万元太少了吧？"要知道，这里面存在地区差异——如果是在一线城市、经济发达的江浙地区或珠三角地区，十几万元真不多，但如果是在企业平均月工资四五千元的小城镇，那就已经是高于大部分人一倍的收入。而且就销售工作的特性而言，它很像小微创业，有一个积累和跃升的过程——销售人员最初的收入相对比较低，随着客户数量的积累和优质客户的增加，销售业绩逐步提升，销售人员的收入也明显增加，最终成为销售"大咖"，获得丰厚回报。当然，销售和创业有一个本质区别，即销售人员的平台是企业提供的，风险较小，绝大部分风险是由企业承担的。背靠大树好乘凉，心无旁骛谋发展，想获得高收入，想改变命运，做销售真是不错的选择。

2. 提升专业能力

各高校的商学院、经管学院都会开设营销或销售的课程。可是，当一个人从学校步入社会，真正开始从事销售工作的时候，他会发现理论和实践还是有很大差距的。要想把学到的专业知识应用到实践中，需要长期探索尝试，不断矫正优化，逐步形成自己的正确认知和行动技巧。

此处的提升专业能力，涉及两个方面，一是销售专业，二是你所处行业的专业，在从事销售工作的过程中，这两个方面的能力都会得到提升。现在企业招聘销售人员的时候，一般都会考虑具有与销售的产品相关专业背景的应聘者，同时更注重工作经验，招聘者通常会强调有销售经验或者有某特定行业生产经验的应聘者优先。从本质上讲，销售工作大致是相通的，有销售经验的人能够更快适应新的销售岗位；有目标客户相关行业工作经历的人，从专业角度来看更了解目标客户的需求与决策过程。比如有化工企业生产或技术方面工作经历的人，与化工设备制造厂家销售岗位画像的匹配度更高。

无论是科班出身做销售，还是从别的专业转行做销售，我觉得都应该把理论和实践结合起来。要坚持向销售前辈学习，向市场中的客户学习，向同行中的老师学习，向竞争对手学习，努力提升专业能力。特别需要提醒各位，要求知、探索、实践、矫正，要在学中悟、在悟中做、在做中学。宋代思想家朱熹所言"知之愈明，则行之愈笃；行之愈笃，则知之益明"，讲的就是这个道理。

3. 提高综合素质

除了提升专业能力，做销售还能提高综合素质。学习思考形成认知，实践锻炼形成经验和能力。在企业里，没有什么岗位比销售更锻炼人的了。在这个岗位上，一方面要有产品或技术的专业基础，另一方面要懂经营，同时在协调水平、应变能力、勤奋程度等多个方面都有要求。销售工作本身需要承受压力，处理各种复杂的事务，对外要接触不同层次、不同文化背景、不同性格的人，对内还要善于协调配合，是对一个人非常全面的磨炼，特别是年轻人，经过一段时间的磨炼，大都会变得更加成熟、机敏、果断、干练，待人接物游刃有余。

为什么选择做销售：销售人员的10种收获

有时候，我们在社交中初次认识某位销售达人，经过一番交流，最后大概的评价是："嗯，不愧是做销售的。"这说明做销售久了，就会变得与众不同。

4. 培养和提高计划性和条理性

做销售有一个非常明显的好处，就是可以培养和提高一个人的计划性、条理性。

小万在三叔开的工厂综合部上班。过去他做事拖拉，经常虎头蛇尾、半途而废，属于人们常说的有"拖延症"或"懒散慢"的人。作为企业老板的三叔，同他谈了多次，也没有多大效果，干脆就把他调到销售部去工作，跟着师傅跑业务。销售部有任务、有压力，整个团队的氛围就像打仗一样，每天要么打电话约客户，要么搜集信息整理资料，要么出差看项目，大家都忙忙碌碌、行色匆匆。在这种氛围里，一年多之后，小万像换了个人似的，做事很有计划性，处理事务井井有条。

新闻有五个要素，即何时、何地、何人、何事、何因。我给销售也总结了五个要素：何时、去何地、找何人、谈何事、怎么谈。你看，这都是需要计划的。计划性体现的是逻辑思维，它围绕成交这个目标，进行路径规划、时间管理、效果预估等，而且在行动的过程中要遵守时间、遵守约定、遵守规则。

5. 培养更高的情商

工业品销售看上去是和企业打交道，但实际上是和人打交道，对情商的要求很高。在长期的销售实践中，人的情商能够得到最大程度的锻炼和提高。

智商是硬件，主要体现在记忆、分析、判断、推理等方面，在很大程度上取决于基因遗传；情商是软件，主要体现在情绪控制、沟通、理解等方面，可以通过锻炼来改善和提高。没错，察言观色、表达与倾听、适应环境变化，这些都体现了情商的水平，也有观点认为情商就是让别人舒服的技巧。但是我认为最高的情商，其实是换位思考、替他人着想并获得他人认同和信赖的能力。你想一想，哪个客户不喜欢为他着想、为他提供完善的解决方案、为他提供优质服务的人呢？如果一个人有了高情商，不仅对销售工作有帮助，而且对个人事业发展以及协调社会关系、处理家庭关系等多个方面都大有裨益。

6. 获得更好的发展机会

我们知道IBM创始人托马斯·约翰·沃森22岁时在收款机公司担任推销员；松下电器的创始人松下幸之助23岁时在销售插座；格力电器股份有限公司董事长董明珠1990年进入海利空调器厂从事销售工作，1992年，她所负责的安徽市场业绩突破了1600万元，销售量占到全公司的1/8。

销售人员是企业冲在最前线的士兵，是要靠战绩说话的。如果你把销售工作做得风生水起——战绩非常突出，客户满意度高，客户关系稳定而深入，那么请放心，你的领导一定会关注你。领导会考察你，和你面谈交流，给你施加压力，给你分配更具挑战的工作。伙伴们，这可不是什么坏事儿，这说明领导正在培养你，帮你规划职业生涯。很多事业上的发展机会，都会在你努力工作的时候悄悄到来。对于优秀的销售人员来说，他的机会不是单一的，而是大范围的、多层次的，我在后面的课程里，会详细讲述销售人员职业规划的四个基本方向。

7. 看更多的世界和风景

有一次几个朋友一起吃饭，一位企业的销售区域经理打开手机软件，给我们展示他的"年度足迹"，全国几十个城市都被他"点亮"了。他聊到广东的早茶、内蒙古的煮羊、湖南的山水、云南的天气……同桌吃饭的一位供职于其他单位的朋友说："真羡慕你啊，我连省内十几个地市还没走一遍呢。"我开玩笑说，做销售多好啊，公司发工资、报销差旅费，让你去了这么多地方"游山玩水"。

工业品销售人员因为工作需要，足迹遍布天南海北。在做业务的同时，顺便看世界看风景，陶冶情操，润泽心灵，也是人生一种特别的经历与收获。

8. 结识更多朋友

如果一个人有很多企业界的朋友，有很多外地的朋友，那么大概率他是做工业品销售的。做销售跑市场，拜访客户，与客户发生业务关系，自然就会有持续的互动和交流。时间长了，一部分客户会发展成朋友。销售人员去的地方多了，到哪儿都有客户，都有朋友。这些朋友会对你给予很多实质性的帮助，同时你的视野也会打开。不像在一个小而固定的社交群体里，一个人获得的资讯、听到的观点，都大致相似。

9. 更加热爱生活

2020年，我曾经给一家企业做过员工心态调查。调查采用访谈和问卷结合的方式进行，调查对象包括该企业全体员工，共153人。统计结果显示，销售岗位的员工在积极、乐观、情绪的自我调节、协作意识、对未来的信心等方面整体优于其他岗位的员工。为了对此项调查统计结果作进一步印证，我和其他企业的销售人员也展开了交流，同时注意观察分析他们的情绪变化，最后得出一致性结论：做销售的人比一般人心态更好，更加热爱生活。原因是销售人员见多识广，对人性的洞察更加细腻，富有同理心。他们倾向于为家庭付出，为社会创造价值，慷慨大方，乐于助人，也更珍惜自己的声誉。

10. 提升文化涵养

有些悟性很高的销售人员，不仅会学习知识，结识天下朋友，看世界、看风景，他们一定还有更深层次的获得感：文化的积淀与融合。到过的那些地方，见过的那些人，经历的那些事，接触的历史文化、风俗习惯、风土人情，时间长了，会在他们的内心发芽、生长，让他们产生更深入和全面的思考、借鉴与融合。我将这个过程称为销售人员的"文化修行"。可能很多小伙伴还不太理解这件事，但是当你经过岁月的磨砺，有了一定的阅历，就会悟出我这段话背后的含义。

❖ 我的小故事 ❖

3 天 25 万步的行走

说说我"3 天 25 万步的行走"的故事吧，通过它，大家可能会对我刚才讲的文化修行有一个感性的认知。

我常开玩笑说："生命在于折腾，有时需要任性。"那一次，我就任性了一把：3 天时间，独自一人徒步穿越山东的五个城市。按照手机软件的记录，大概行走了 160 公里，共 25 万步。

2015 年 11 月，我受邀以文化学者的身份参加当时由山东省文化厅指导，新浪山东承办，中国文化报社、新华社山东分社特别支持的"非遗看山东名人行"活动。几天的采风观摩在济南结束后，我对参加活动的其他专家学者宣布："我要来一次说走就走的旅行。"

说这话的时候，可能大家以为我是开玩笑。但是我真的行动了！

现在回忆起来好像很简单，但当时对我来说是极大的挑战。第一天是冒雨行走的，道路泥泞，行走困难；一个人非常孤单无助，吃饭喝水都是问题；体能和意志处在崩溃的边缘。第二天，途中几次差点失去信心，差点就半途而废。坚强而执着的那个自我，始终监督着懒散怯懦的自我，在经历几番挣扎之后，坚强而执着的自我胜出，我前进的步伐愈加坚定。第三天，计划中的路途已经过半，拥抱胜利的信心驱散了身体上的煎熬感。

独自一个人在路上，除了体验，更多的是思考。在路途中，有一些新的想法，我会随手录制在手机上——"心身合一，便是你做的事，正是你想要做的，你就会不觉得疲惫，在辛苦中也会开心""创业和徒步非常相似，首先要确定目标，然后是自我评估和规划路径，在行动中不断克服困难，坚持下去，最后才能成功"……

我走到目的地的时候，虽然身体疲惫不堪，但内心无比宁静，脑海中突然就闪现出一段话："人生百般磨砺，必是一种修行；心灵穿越时空，才能真正看见。"

从那时候起，我再遇到人生的选择、波折和情绪起伏的时候，这句话总会出现在我的脑海中，然后，释怀。

第 2 课 什么人能成为出色的销售人员：
销售人员的 10 种能力

如果大家看到一个人具备某种特长，把工作干得风生水起，常常会说："看，这是老天赏饭吃。"言外之意，除了努力的程度，很多事情的成败也取决于天赋。我在上一课给大家讲了做销售的价值，但是实话实说，并不是所有人都适合做销售。出色的销售人员既要有先天的禀赋，又要有后天的付出，还要遇到特定的机会和环境。我也见过有些人很卖力、很投入地做销售，但是最终没有成功。于是我就开始思考这个问题：一名出色的销售人员到底需要什么样的能力、动力和状态？我在今天的分享中把这些统称为"能力"。在我讲述的这 10 条当中，有些是天生的，有些是外在条件赋予的，有些是可以后天养成的。

1. 自驱力

我访谈过一位做气体分析仪销售的小伙子，小杨，二十六岁。小杨坐在我茶桌的对面，质朴而又成熟。他聊起自己负责的山东区域市场客户的情况，娓娓道来，如数家珍。小杨所在的公司是一家小微生产企业，年销售额在三千万元左右，而小杨自己就完成了近一千五百万元的销售额，占了整个销售团队的"半壁江山"。他们公司的目标客户是一些化工企业，而这些企业因为环保政策原因一般都建在偏远的化工园区。小杨讲述了他的一次销售经历，那是到山东省临沂市下面的一个县去推销产品。那时候小杨还没买车，他从县城坐公交车到了位于大山里的某企业洽谈业务。谈完已经很晚了，错过了末班车，又叫不到出租车，他就步行十五公里走回县城，到宾馆住下。独自步行三个多小时，这对于"90后"的年轻人来说可不简单。谈到这里，我有些感动，就问他是什么样的动力让他能如此吃苦？他的回答很简单："家里情况比较特殊，太穷了，我只有成功，别无选择！"正是出于想改变命运的这种驱动力，他不怕困难，跑遍了他负责区域的客户企业，创造了不错的经营业绩，同时也获得了丰厚的回报。

给伙伴们讲这个案例，大家应该就能明白什么是自驱力了。

外驱力来自外界、他人，比如管理的压力、制度的约束、上级的监督、家人的期待等。而自驱力则是来自人内心的动力，由内而外传导，并触发行动——其产生，可能是因为贫穷，可能是因为某个诺言，也可能是因为追求个人价值的实现。马斯洛著名的需求层次理论所表述的生理、安全、社交、尊重和自我实现的需求，都可能成为自驱力的源头。

工业品销售是一个特殊的岗位，有着特殊的工作情境。销售人员会经常出差，常规的劳动纪律管理、现场管理、文化导入、学习培训等管理形式鞭长莫及，很多企业只能每月或者每季度组织一次集中的沟通汇报和业务学习。也就是说，更多的时候要靠销售人员的自我管理。如果依靠自我管理是常态，自我实现是目标，那么自我驱动就是动能。

当然，从企业管理层面上来讲，设计科学有效的销售岗位绩效考核和薪酬体系，也是关键要素。销售人员很明确地知道"达成什么样的目标，就会获得什么样的回报"。这种外在的激励，同样可以转化成销售人员内在的动力。

2. 学习力

现在是信息大爆炸的时代，也是知识大爆炸的时代。销售人员每天与客户打交道，要面对不同的人，同时所处行业的新技术不断升级迭代，更是需要持续学习、终身学习。

我们见过一些天资聪慧的人，他们悟性高、学习能力强，经历一件事，马上就学会了怎么去做，在做的过程中，又很快能够举一反三、触类旁通。也就是说，从某种意义上讲学习力有天生的区别。有没有后天提高学习力的方法呢？当然有。

学习力是由学习愿望、学习态度、学习方法组成的。

学习愿望和上面讲的自驱力有关，自我成长、改变命运的冲动，可以转化为强烈的学习愿望。研究发现，榜样的力量对提高学习力非常重要。当我们见到那些精英人士，那些在某个领域出类拔萃的人物，他们的专业素养、行为举止、思辨能力、社交口才让人羡慕，而且越是离我们近的人，其实际的影响力越大。在羡慕之余，我们内心也会萌发一种想法，希望自己也能成为这样的人。这也是我常说的"要多和成功的人在一起""向上生长"。

尽管有了愿望，但真正能够坚持学习的人还是寥寥无几。因为现在的社会有些浮躁，诱惑较多。工作之余，喝喝小酒、刷刷手机、娱乐消遣，很是惬意。特别是手机的侵扰，很容易让人们进入一种浮躁的状态。也许有人说：刷手机不就是开阔眼界学习吗？但是移动互联网的真相是：它拓展了人们视野的广度，却限制了思维的深度。看上去每个人都见多识广，像什么才艺达人、宠物博主、带货网红……都能聊上两句，但是深入下去，大部分人都说不出多少有价值的东西。短视频可以刺激人体产生多巴胺让人快乐，其实沉浸式的学习也可以刺激多巴胺、催产素、血清素、内啡肽，它们会让你忘记时间，忘记疲惫，忘记周围的一切，产生愉悦的感觉。美国著名心理学家米哈里·契克森米哈赖长期追踪观察了一些成功的人士发现：他们在做自己喜欢的事情的时候，会全神贯注地投入，从而忽略了时间和外界环境的变化。这种极乐的心理体验，米哈里称之为"心流"，积极心理学研究者、清华大学彭凯平教授则称之为"福流"。

学习是多维度的，比如学做人、学做事、学习专业知识。销售人员的专业知识包括销售知识、产品和技术知识、行业法规等。除了这些核心的知识，我还建议大家学习一些社会心理学、社交、经济、文史等方面的知识。读书是最好的一种学习方式，但是我从不唯读书论。只要你具备了强烈的学习愿望和正确的学习态度，无论在何时何地、采用何种方式，都可以学习。向技术师傅和销售前辈请教、与同事和客户交流、参加专业论坛和沙龙、到客户现场观察，甚至在出差途中用手机阅读行业资讯、听音频课程，都是学习的方法。

学习能给我们带来什么？各类知识有不同的知识点，这些点连接起来就是一个框架、一个系统。当我们形成自己的思维框架和知识系统的时候，便可以在工作和生活中随时调用，解决问题。

"格物致知"这个词最早出自西汉戴圣编撰的《礼记·大学》中的"致知在格物"。先儒曾说"众物必有表里精粗，一草一木，皆涵至理"，讲的是格外物、格万物。而创立心学的明代思想家王阳明则认为心外无物，只要坚守自己的内心就好。后人关于格物致知的讨论和观点非常多，仁者见仁，智者见智。有一次，我和"中国企业500强"之一的某能源集团公司的一位技术管理人员聊起这个话题，他从理科视角提出了一个十分独到的观点。他认为格物致知的"格"，其实就是"分类"，把事物分成一格一格的。把知识和经验分类储存，在工作和生活中遇到了问题，就把它放入脑海中相应的那个格子里去思考，这就是用知识解决问题的能力。

3. 行动力

我的家乡有句俗语:"夜里想了千条路,清晨依旧卖豆腐。"大概意思是一个卖豆腐的人想换个更好的行当,每天研究来、思量去,但是没有任何行动,到最后依然是卖豆腐。

我有个学生是做电力产品销售的,他经常到我工作室喝茶聊天。他聊到的目标项目是不少,但他考虑最多的是遇到的各种问题,比如客户拒绝了该怎么办、给到的价格太低怎么办等,每次聊到最后,都没确定具体的行动步骤。一年多下来,也没见他做成一笔业务。有一次他又来我这里,说起一个新项目对接的种种顾虑和担忧。我拿起笔在白板上写了一行字:"行动是治愈一切矫情的良药!"在我的"逼迫"下,他抱着试试看的心态拨通了那边项目负责人的电话。其实事情远没有他想的那么复杂,对方答应见面,就项目的具体问题进一步沟通。在持续跟进三个月之后,他签下了第一笔订单。过了一段时间,他邀请我去项目现场看看。在这个新建的工业园区里,我看到他们公司的施工人员在热火朝天地忙碌着。他附在我耳边悄悄告诉我，在初步合作期间，由于工作配合比较好，客户又给了几个单子，大概可以跟着客户干好几年。你看，这个人当初就是"矫情"，不断纠结、犹豫、彷徨，缺乏行动力。事实证明，只要行动起来，离目标就会越来越近。

做销售工作面对的是种种不确定性——客户需求与产品或技术的匹配度、双方商务条件的匹配度、竞争对手的角力、客户决策群体的判断等，之前的深谋远虑、分析探讨是准备工作，但想得再多都是计划，只有做才有成功的可能。

我经常对销售人员讲：勇敢地拨通客户的电话！勇敢地走进客户的办公室！勇敢地走进客户的现场！一定要动起来。销售洽谈与对接是个动态的过程，遇到问题提供答案，遇到困难克服困难，兵来将挡、水来土掩，成交是等不来的。没有哪个销售人员拜访的目标客户会全部成交，但一定是有成交的概率的，你见的客户越多，潜在资源就越多，经验也越多，成功的概率就越大。我曾经询问一家公司的销售冠军有何秘诀，他的回答是："在我们团队中，我每年的拜访量是最多的，比第二名、第三名加起来还多。"

4. 沟通力

销售人员必须善于沟通、擅长沟通，优秀的销售人员必定是沟通高手！

关于营销的定义有很多，其中我比较赞同"营销就是与顾客沟通价值、为顾客传递价值的过程"这个提法。从某种意义上讲，销售就是沟通。

我们一说沟通，可能伙伴们马上想到的是"会说话"。伶牙俐齿、巧舌如簧、口若悬河、天花乱坠，这些成语都是形容人会说话的，有的还带有讽刺意味。但是说话的学问大着呢，本来是伶牙俐齿，太过了就成了口若悬河、天花乱坠。因此，凡事要讲究度，话说多了、太过夸张，就过犹不及。至于这个分寸怎么把握，没有标准答案，一是靠职场和社会的历练与总结，二是靠悟性。同时我给伙伴们一个建议：阅读，对于提高一个人的沟通力非常有帮助。多读书，涉猎各种各样的领域，能够有效汲取各方面知识，提高人文素养。

同时，要想提高沟通力，沟通心态的调整也至关重要。很多销售人员，由于背负着公司下达的销售任务，所以压力很大、求成心切。这种急于求成的心理，反而会影响沟通效果。我在很多场合讲过，如果换一种思维，你是在保证产品质量的前提下，为客户提供更好的解决方案、更高的价值，那么你在沟通时的状态便会发生微妙的变化。

沟通是双向的、互动性的，而不是单向地传达信息。沟通力不仅包括表达，还包括倾听。要善于倾听，迅速洞察客户的需求，以确认他诸多关注点中的核心关注点，以对应核心关注点的说辞来打动客户。恰当的关切、专注的倾听、具有逻辑性的表达，能够提高沟通的有效性。另外，沟通环境的选择也很重要，需要根据不同情况选择不同的环境，可以是客户办公室，可以是餐厅，也可以是咖啡馆。如果客户同意到你的公司去现场考察，成功概率就会大大提高，所以一定要把握好"主场"沟通的重要机会。

事实上，沟通力是六种能力的组合，包括语言运用能力、倾听理解能力、情绪把控能力、临场发挥能力、即时判断能力、复杂应变能力。遣词造句只是一个表象。

5. 专注力

几年前，我在一次青年创业社群活动中作主题演讲。走下讲台的时候，一个姓安的年轻人主动加了我的微信。他介绍说，自己在一家超市做生鲜主管。接下来一段时间，我看到他在朋友圈频频发布新鲜蔬菜的照片和打折信息，觉得这个人挺敬业。过了没多久，他在朋友圈发布一则"公告"，说自己转行到某装修公司做综合部经理了。我并没有特别关注他，但是印象里接下来这几年时间，他大概相继"晒"过食品、二手房屋以及餐饮美食等图文。有一天他突然给我发微信，说遇到一些问题想来请教一下，我就答应了。见面之后我了解到，这几年他换过很多工作，基本上都是半途而废，现在陷入了职业困境。我告诉他，他缺乏的是专注力和韧性,他的失败只因为"轻易"两个字——轻易选择、轻易进入、轻易放弃。

我们需要慎重选择行业和职业,一旦做出选择,就要专注。专注是安心、专心、专业,是一种心无旁骛的状态。如果你选择在某个企业做销售工作,就要潜心研究这个企业的技术和市场,潜心研究客户需求和变化,要聚焦,要深入。不为杂音所扰,不为诱惑所动。一会想这个,一会想那个,这山望着那山高,必然被浮躁裹挟,最终一事无成。

6. 创新力

在戴维·迈尔斯所著的《社会心理学》中有一幅插图,是一个小测试。五支笔,其中四支是同一种颜色,剩下的一支是另一种颜色。如果让你去选一支笔,选哪支呢?亚洲人大概率会选同一种颜色的笔中的一支。受传统文化和教育的影响,我们更喜欢循规蹈矩、按部就班。从某种意义上讲,我们是缺乏创新力的。好在,在

第2课 什么人能成为出色的销售人员：销售人员的10种能力

越来越年轻的一代代人中，在更加自由和活跃的思想中，我们看到了创新的希望。特别是最近这些年，国家鼓励创新，提出创新驱动发展战略，政府部门、院校、科研机构、企业和个人的创新研究和创新实践层出不穷。企业组织更是需要通过持续创新来提升竞争力。企业的创新范围广泛，包括管理创新、营销创新、服务创新、技术创新、产品创新等。

工业企业的销售是个传统的岗位，但是时代已经发生了巨变，销售人员需要用创新来顺应变化，迎合用户和市场需求。通俗地讲，销售就是卖东西，如果大家都用同样的方法去卖东西，就会陷入同质化竞争。在销售过程中，如果你的资料设计、推介方式、服务模式等采用了更新颖、更便捷、更细致的方式，那一定会让客户眼前一亮，无形中就提高了竞争力。

小迪是一家耗材生产企业的销售人员，他就喜欢别出心裁。他开着车去做陌生拜访的时候，后备厢里准会放一大箱水杯。水杯是他特意定制的，很好看，但其实价格并不高，也就二十多元钱一个，而且每个水杯里都放了一小包茶叶。杯子的下方，贴着他的微信二维码和一行小字"小迪随时等待您的召唤"。他拜访客户的时候，就会随手拿出一个水杯，为客户泡一杯茶，客户基本上不会拒绝。这些看上去不经意的小细节，都是精心设计的。水杯已经被使用了，客户就有可能继续使用，当哪天有了采购的需求，看到水杯就有可能想起曾经来过的小迪。即使当时并没有加他微信，水杯上也有啊。客户加了微信，小迪的销售机会就来了。

一家特种设备制造商的销售部门经理是一位女士，她提出与客户进行产品共创的销售思路。她尝试着把销售战线前移，在客户需求端深度介入，与客户共同开展产品的研发与设计，把传统的买卖关系变成了共创共享的合作关系，最终取得了显著的效果。

7. 坚韧力

2002年，史蒂芬·斯卡特执导的电影《永不放弃》上映。比尔·波特患有先天性脑瘫，但他并不甘心接受悲凉的命运，而是希望能通过自己的努力获得成功。在母亲的鼓励下,他开始尝试做推销员,一次次的碰壁、一次次的挫折,没有打倒这位残障人士。他以超常的坚韧力继续着自己的事业,最终成为销售冠军。最感人的一个情节是他去应聘,因为怕被老板拒绝,他请求道:"告诉我最糟糕的销售区域是哪儿,把没人要的地方给我!"

在很多企业招聘销售代表的时候,大概都会有这么一句话:"能够承受压力。"因为做销售的人承受的压力是比较大的,特别是在刚入行的时候,基本上处于"四没"状态——心里没底、脑海中没框架、身上没经验、手里没资源,大部分时间都是"盲跑"。有的新手两三年都开不了单。如果没有坚韧力,肯定会半途而废。只有经历时间的磨炼,慢慢熟悉了市场,掌握了技巧,积累了资源,逐渐有了小小的成果,才算从形式上把销售这条路跑通了。当然,如果能够悟透这里面的"道",掌握了运营的规律和逻辑,就会真正做到游刃有余,收获累累硕果。

销售人员必须内心强大、坚韧不拔。这不仅是一种能力,更是一种卓越的品质。坚韧包含坚强、坚持、韧性、抗挫。我曾经看到的一篇文章，提到生命的"弹性"。嗯，这是一个非常好的提法，销售人员就应该像弹簧一样，无论被压得多重、被踩得多扁，都能回弹到原来的形状，满血复活去战斗。

8. 判断力

我们常说要"了解过去、把握当下、预判未来"。一般情况下，判断力来自基本的逻辑思维和分析能力。销售是一个动态的过程，中间会有很多变化，如果能够根据项目情况、客户需求、决策参与者、谈判过程等要素进行缜密的分析，做出有效的判断，及时调整和匹配策略，成功的概率就会提高。

我还有一个观点要和伙伴们交流：可能高层次的判断来自感性洞察。感性洞察不依赖对具体的人、事、数据的分析，而依靠直觉。作为实践创业导师，我浏览过成千上万份创业计划书，听过无数创业者谈项目构想，有时候我也是凭直觉判断的。很多已经落地的项目的结果，证明了我的直觉还是比较准确的。那么直觉（潜意识）是不是玄学呢？当然不是。我觉得有一种可能：直觉是在积累了海量知识和经验的前提下对它们的一种即时调取和运算，因为太快，所以自己没有感觉到思维过程，似乎脑海中直接呈现出了预判的结果。

无论这个观点是否正确，我想强调的是，当你在销售领域拥有了深厚的专业知识和丰富的实践经验，当你接触到大量的客户和项目，你的判断力一定会得到跃升。

9. 注意力

有的人对数字不敏感，有的人是"脸盲"，有的人不记路，这些大概都是天生的。但是你只要提高注意力，这些问题大概率又都能解决。注意力和前面说的专注力不是一回事儿。注意，就是留心，如果还不行，就多留点儿心！

比如在宴会上接待客人，一桌十五个人，可能你连名字都叫不全。叫错了怎么办？你用手机悄悄地记下来，必要时扫一眼——这就是方法。我有个学生很年轻，做销售时间也不长，他有个特点就是善于记人、记事，我带他见过的客人，去过的地方，对方的姓名、职务、电话号码、办公地点和房间号他都烂熟于心。其实，并不是他的记忆力有多好，而是他用了各种方法认真去记，我觉得这个小伙子就很适合做销售。和客户交流的时候，客户说过的话，哪句是重点，哪句有弦外之音，哪句是客套话，都要调动你的注意力来倾听和判断，这很重要。有的公司会要求销售人员给重点客户建立"小档案"，或者通过管理系统输入并存储这些信息，涉及客户相关人员的籍贯、生日、性格特点、爱好、禁忌等，还包括之前的拜访记录、今后的拜访计划，以保证与客户的联系更有时效性和针对性。

10. 运算力

我的一位老朋友做过销售人员，现在已经是一家食品生产企业的老板了。他多年从事菌菇、五谷杂粮和调味品的经营。因为这类产品单价不高但销量大，做生意按公斤都要算到几角几分钱。我见过他谈业务，多少吨、多少运费、多长时间、多少钱，张口就来，准确率极高。这叫什么？运算力或者计算力。

我觉得做工业品销售必须会算账，一要会概算，二要会速算。因为很多时候会涉及价款、产品数量或工程量、进度、付款阶段等，都需要计算。特别是商务谈判的时候，可能在讨价还价的过程中，数字会随时发生变动。你不会算，或者算得慢，就会陷入被动。这一方面依赖销售人员天生的对数字的敏感程度，另一方面依赖销售人员对业务的娴熟程度。

❖ 我的小故事 ❖

第一次销售经历

我接触过很多不同行业的销售团队，指导他们销售农产品、工业原材料，卖房子，承揽工程。那么我自己的第一次销售经历是什么呢？它给我带来何种体验？说起来有点儿不好意思，我第一次做销售，卖的是冰糕。小时候，我们家就父母两人上班，但要养活爷爷、奶奶还有我们兄弟三人。十五岁的时候，也就是去医院做临时工之前的那段日子，我想做点什么挣个零花钱，父亲说"那你就去卖冰糕吧，不用多少投资"。我说这个行，简单。

当时的冰糕品种很少，大概就像现在热卖的"老冰棍"。年龄大一点儿的朋友应该记得一个场景，那时候卖冰糕的方式是，自行车后座上绑一个白色木箱子，箱子里铺上棉被，棉被里裹着冰糕，要沿街吆喝售卖。我们这里的吆喝范本是"冰糕喽冰糕，冰糕喽冰糕"。

父亲帮我做了木箱子，又带我去批发部，以三分钱的单价批发了几十块冰糕，我便开始"做生意"了。推着车子，到了人多的地方，我想吆喝却怎么也张不开口，憋得脸通红，实在是不好意思。可是不吆喝肯定是卖不动的。多年以后我明白了，吆喝其实是给小孩儿听的。小孩儿听到卖冰糕的来了，就会央求着大人给他买。大人很少吃这个，五分钱一块，不舍得买。

我冒着炎热的天气，跑了几个街巷，也没人来买。

第 2 课
什么人能成为出色的销售人员：销售人员的 10 种能力

冰糕虽然在棉被里捂着，但放时间长了也会融化，那就亏本了。我暗自给自己加油，喊吧，没有退路了。"冰糕喽冰糕！"我闭上眼，把这一嗓子喊了出去。

我们讲，迈出第一步不容易。这一嗓子就很关键，既然喊出去了，就继续喊吧。吆喝声传出去，还真有来买的。生意开张，是一种极大的激励，我也越吆喝越带劲儿。那天，我赚到了五角六分钱，还把快融化的两块冰糕吃了，作为对自己第一次做销售的奖赏。

第3课 如何塑造销售职场形象：
销售人员礼仪形象的10个注意事项

有一次我去某公司给销售团队做培训，讲完课这家公司领导安排销售部经理送我。销售部经理安排了一辆轿车，司机在驾驶座上，我就拉开后边的车门，准备上车。谁知道这位经理赶紧把我拉了下来，说："郑老师您哪能坐这里啊，还是坐前排吧。"我就被"强制"安排坐到了前排。我这个人是比较随意的，不太在乎这些。但我在车上还是告诉了这位经理："按照礼仪，客人是应该坐在后排的。"经理很不好意思，说："哎，我一直以为是这样坐呢，哪知道错了好多年。"

作为销售人员，长期与客户打交道，个人形象和基

第 3 课
如何塑造销售职场形象：销售人员礼仪形象的 10 个注意事项

本礼仪是必修课，它既代表了销售人员自己的素养，也代表了公司的形象，对于获得客户认可尤为重要。但是一些我们认为是常识的东西，在实际运用中可能会出现偏差。就像上面提到的这位销售部经理，因为没有人给他指出错误，他就没有矫正的机会。今天我就给伙伴们讲一些关于个人形象和基本礼仪方面的内容。有些是约定俗成的规则，只讲标准不展开；有些是个人的理解，会有简短的阐释。

1. 仪容仪表

有一个做建材销售的小伙子非常时尚，喜欢穿胸前绣着大面积花纹的黑色圆领 T 恤，下半身穿七分裤，露着脚脖子。有一天他被销售总监叫到了办公室。总监笑着说："你这身行头，是要去参加演出吗？"总监给他指出来，外出跑市场见客户，不能穿得这么夸张，要遵守职场原则。

他说的职场原则，可以理解为组织规范、职场大众惯例，部分突兀的个性、色彩需要隐藏。组织规范即单位的统一要求，大众惯例是一种约定俗成的趋同性认知。很多大型企业，并没有要求统一服装，但是白色或浅蓝色衬衣、蓝裤子或黑裤子，再加上皮鞋，就是主流装束。金融企业的工装基本上都是西装，你会发现一些员工即使在生活中，也习惯穿西装，因为金融企业想要传达的信息是"安全"。试想一下，如果某个银行柜台里的人都穿着摩登时装，你敢把钱存那里吗？

作为销售人员，首先要注重个人卫生和形象，保持仪容端正，服装得体、干净整洁。服装的选择应以大方、端庄的风格为主。女性销售人员可以化淡妆，不要浓妆艳抹，不要佩戴夸张的首饰。男性销售人员不要留长发、蓄胡须。个别销售人员谢顶比较严重，没几根头发了，可以留光头吗？我看行。不过光头也是需要经常打理的。

2. 沟通礼仪

销售人员见客户，要使用文明用语，在不同的场景

第3课
如何塑造销售职场形象：销售人员礼仪形象的10个注意事项

灵活使用"您好、谢谢、不客气、没关系、您先请、慢走、抱歉、不好意思"等。尽量使用普通话，保持语音清晰、语调平缓、语意准确。要善于倾听，换位思考，专心致志，认真对待每一次交流。不要随意打断别人的话，不要急于表达。

除了当面交流，电话交流也有很多注意事项，下面我着重讲讲电话礼仪。因为我发现很多人在电话礼仪方面做得不够好。

情景1：早上七点半，北京某公司采购部的王经理正在挤地铁，这时候电话响了，是你打过去的。他腾出手拿出电话接通。"王经理吗？我是××公司的销售小陈啊，我想和您沟通下那批配件的事……"此时，王经理正为赶着上班心烦呢。"再说吧！"他把电话挂了。

非紧急事务，不要在工作日的非工作时间给客户打电话（如上午9点之前、下午5点之后）。

情景2：上海某项目负责人王经理忙了一上午，中午在食堂吃过饭，刚靠在椅背上想午休一会（他五十多岁了，精力有限），电话却响了。"王经理，下午有空吗？"王经理被电话惊得睡意全无，回了句"没空"就把电话挂了。因为这个电话影响了午休，王经理一下午都没精神。

非紧急事务，不要在中午给客户打电话（客户可能会午休，即使不午休，工作了一上午，也需要清静一下）。

情景3：由于工作太忙，杭州某公司工程部的王经理答应带女朋友看电影的事一推再推。这个周末总算有时间，他带着女朋友来看电影了。正看得津津有味，电话响了。王经理瞥了眼来电号码，手指划动拒接了。

非紧急事务，不要在周末和节假日给客户打电话（特别是在大城市、大公司，人们会默认此时通常不处理工作事务）。

如有急事必须在非工作时间通话，可事先通过微信或短信方式预约。如："您好，打扰了，有个某某事想向您汇报一下。方便通话吗？"

如何塑造销售职场形象：销售人员礼仪形象的 10 个注意事项

通话最好使用普通话，要采用礼貌问候用语和结束语。电话交流尽量简短，条理清晰，表达意思清楚，保持相对稳定的语速。通话过程中不要滔滔不绝、自说自话，要保持良好的互动，比如讲到一个地方，可以问"您觉得呢？"。通话过程中不要抢话，对方讲话时，不要贸然打断。倾听过程中要有回应，比如"是的……没错……嗯好的……"。通话结束时，一般要等对方先挂电话。

3. 拜访客户

销售人员经常去客户公司，就要充分了解并遵守客户公司的管理规定。要按照对方要求做好登记。有些客户公司还要求做安检或佩戴安全帽，在生产区内按照标线指示行走。不要在客户公司的办公区和楼道里大声喧哗，不要随地吐痰、乱扔垃圾。

如果不是陌生拜访，日常见客户一般都要预约，并比约定的时间提前一些到达约定的地点。进客户办公室前应敲门,如果遇到屋里有其他客人,应暂时回避,退到门外等候。一定要记住:守时,是非常重要的原则。

除了这些基本的礼仪,销售人员还要注意把握自己的状态。空客公司的雷义有一句名言:"卖产品就是卖自己。"他做销售的时候,每次拜访客户之前,都会先做几十分钟的有氧运动,以保持最佳的状态。出现在客户面前的雷义,总是精神饱满、神采飞扬,极具感染力。

4. 餐饮接待

如果需要请客户吃饭,应按照邀约、选餐、备餐、迎接、入座、就餐、服务等环节做好工作。邀约时要询问客户是否有忌口,饮用什么饮品(软饮、茶类,还是酒类)。选餐时可征求客户意见(鲁菜、川菜,还是海鲜),地点尽量安排在客户方便的地方(客户家附近或者客户公司附近)。

定好餐厅,要把房间信息发给客户,还要询问是否需要接送。如不用接，就提前二十分钟到达餐厅。

快到约定的时间时，应到餐厅门外等候客户。迎来客户后，引导其到房间遵照当地习惯依次落座。

宴席中，碰杯时自己的杯子要略低于客人的杯子，饮酒应把握分寸，要适时、适量。北方地区用餐形式比较讲究，南方地区相对要随意些。比如，在豪爽好客的山东，一般程序就比较复杂。敬酒的风俗各地不一，很多地方还有自己的特色，比如某地吃饭喝酒的时候，会带着扑克牌，玩一种当地的游戏，谁输了谁喝酒。

最后要请客人点主食。上完主食宴席结束前，应提前到吧台结账，以免宴席结束时既要送客人，又要忙着结账，顾此失彼。

5. 坐车礼仪

送客人用轿车时，客人为一人，应请客人坐副驾后方的位置；客人为两人，应请两位客人均坐后排，右为主、左为次。如还有陪同者，应请其坐副驾位置。如果共有四位客人，后座显然比较拥挤，应请主要客人坐在副驾的座位。如客人开车，你应坐副驾。如果用商务车，后面有两排或以上的座位，空间相对更宽敞，主要原则也应该遵循以上要求，即第二排是客人座位，右为主、左为次。

6. 微信社交

微信是目前最简单、便捷的社交工具，更是多功能集成的工作交流工具。在商务活动中，它几乎包括了过去的名片、短信、电话、传真、电子邮箱等工具的所有功能。那么如何添加客户的微信号，微信交流当中有什么注意事项？我们就来说一说。

如果是初次电话沟通，可以这样说："您的电话号码就是微信号吧？方便的话我稍后添加，麻烦您通过一下。"如果是当面，应征询是否可以添加对方微信，经

第 3 课
如何塑造销售职场形象：销售人员礼仪形象的 10 个注意事项

允许后，应以扫码动作添加对方，"我扫您吧"。扫码和被扫有什么区别吗？当然有。被扫者亮出二维码，只需要在那里等待，扫码者要举起手机对准对方的二维码，扫完码要申请，对方允许才能通过。从这些细节可以看出，扫码是对客人的尊重。一名有经验的销售人员，会事先储存电子名片，或者直接在微信里收藏之前编辑好的个人信息，如"幸会，请多关照！我是××公司×部门××，电话12345678。请惠存，方便我为您服务"。这样需要时就可以直接把收藏的信息发给客户，不用每次都重新打字。

在日常工作和生活的交流中，可以用微信发送图片或文字问候，或做简要的文字表述、传送资料，也可以发语音消息。如果发送相对秘密的内容，尽量不采用语音的方式，因为如果对方在办公区域、公共场合，可能不太方便听语音。如果需要双方即时沟通，内容多且复杂，建议还是采用电话交流的方式，这样更直接，互动性更强。

有的销售人员会问，通过微信问候客户，给客户发资料，客户不回复怎么办？微信已经成为人们离不开的工作和生活工具。你给客户发送企业和产品资料，发一些问候语，其实是一种必要的提醒，就是告诉客户"我等着给您服务呢"。但是客户不回复也正常，如果他负责的采购项目比较多，还不知道每天收到多少微信问候呢。也可能他工作比较忙，平时顾不上看微信。还有一种人性格比较保守，不太愿意用微信互动。这里需要提醒两点：第一，如果客户一直没有响应，就不要频繁发微信，避免让他产生被骚扰的感觉；第二，如果方便，就像一首流行歌曲唱的那样——"不如见一面"。

7. 会议礼仪

做工业品销售，除了与客户公司的关键决策人和相关人员一对一或小范围交流外，还会有很多会议活动，包括正式谈判、技术交流、现场招投标等。这些活动的特点是正规正式、多人参与，一般在会议室举行。参加这类活动，销售人员尽量着正装或工装，携带记录簿和笔，或者携带笔记本电脑。进入会场前将手机调至静音，按规定的座次入座。如果没有座签，应该坐在会议室副排。副排就是靠近门这一侧的座位，里面一侧的座位留给客户。

8. 了解客户所在地的风俗禁忌

有的地方早上刚上班的时候不接待来访，有的企业上午不能去要账。各地都有各地的文化风俗，各企业都有约定俗成的规矩和习惯，有其差异性。作为销售人员，除了做好上面讲的仪容仪表、商务礼仪的学习和实践之外，还要全面了解客户所在地和客户公司的基本礼仪、文化，特别是一些地区的风俗禁忌。避免因为地区差异闹出笑话，陷入尴尬。

9. 形象定位与塑造

有人问我，什么性格的销售人员更容易成交？一般会认为是那些能说会道、精明圆滑的人。其实不然，大部分客户喜欢把业务交给敦厚可靠的人去做，他们诚实稳重，规规矩矩，看上去就让人放心。客户把业务交给这样的人去做，既省心又放心，平时还便于安排调度。然后是活泼智巧型的人，这种人心思细腻、反应敏捷，略有点顽皮，再怎么批评他们也不急，容易让客户产生身份优越感。客户为什么普遍不太喜欢过于精明圆滑的人？因为这种人在客户眼里变化性大、不好把握。

有一家公司的销售团队做年终考核，请我去帮助他们开展岗位评价。在二十多名销售人员当中，我发现业绩前三名里既没有他们团队中相貌出众的美女，也没有平时巧舌如簧的帅哥。第一名竟然是看上去有点腼腆和憨厚的一位男士，他皮肤黝黑，形象朴素，眼神沉稳而坚定。

有的小伙伴说了："我这个人自带气场。"那我就要提醒一下了，一个人有气场是好事，但是不要让自己的外形、言行、气势明显压过客户。因为人都喜欢帮助显得比他弱的人。

销售人员可以根据自己的性格特点进行形象定位，然后围绕这个定位长期塑造，保持一定的风格。不能今天显得敦厚，明天有点顽皮，后天又非常圆滑，谁敢把业务交给性格如此分裂的人？

10. 互联网人设

上面讲的是现实中的形象定位，而在当今的移动互联网时代，每个人还有一个线上的形象——互联网人设。互联网人设是通过朋友圈、短视频等互联网工具持续展示自己而留给他人的形象。我觉得销售人员应该琢磨一下如何用好互联网社交平台，可以经常发一些与自家企业、产品、项目以及行业有关的内容，或者做销售的感想和认知。通过这些行为来强化自己的特定行业的个人形象，打造专业人士IP。时间久了，大家就会记住，你是在某行业或者某企业做销售工作的。一旦客户有了业务需求，可能就会想起你、找到你。关于互联网人设，下面这个故事可能对你有点启发。

❖ 我的小故事 ❖

博客维权

虽然现在过了知天命的年龄,但我对互联网一点也不陌生,甚至在同龄人眼里我还是网络行家。从最早的网易聊天室,到百度贴吧,再到博客、微博和微信公众号,直到现在的各种视频号,我一直都是活跃分子。在当年写博客的那段日子里,我干了一件惊天动地的事情——为500字的文章打官司。

2006年,我将一篇关于两性处事逻辑的随笔发表在了自己的博客上。经过一段时间的传播,到了2011年,我突然发现这篇文章火了,各大网站、论坛甚至有些纸媒都"转载"了,网络搜索发现相似页面超过百万,点击量更是无法统计。令人气愤的是,很多网站把题目和作者名字篡改了,这不就是赤裸裸的抄袭吗?一怒之下,我在北京、上海两地奔走维权,先后起诉了两家知名网站和一家文化传媒公司,同时向数百家涉嫌抄袭的网站发了律师函。三场官司获得赔偿11 000元,成为轰动一时的网络著作权维权典型案例。那时候网络作品是否存在著作权、如何维权的问题,还在争论中,

第 3 课
如何塑造销售职场形象：销售人员礼仪形象的 10 个注意事项

我就成了先行者。全国数百家媒体对这个事件进行跟踪采访、报道，律师、作家、出版商、知识产权工作者都发声支持我，我也在自媒体上持续发出维权信息。我想说的是，那时候无形中我就被贴上了标签：中国博客维权第一人、博客维权标杆人物。在那段时间，全国很多知识产权服务机构主动联系我，希望我成为它们的代言人或者实际合作者。

这就是互联网人设带来的效应。互联网人设是一个人在互联网上持续表现出来的具有独特风格的形象。我在互联网研究上也称之为"网络虚拟形象"。如果销售人员持续精心打造自己特有的互联网人设，塑造了形象，汇集了流量，客户就会主动向他招手，合作机会就会不断出现。

第4课 销售过程中的必备信息有哪些：

销售人员须熟知的10项内容

今天我们先来温习几个句子和成语：知己知彼，百战不殆；凡事预则立，不预则废；胸有成竹；运筹帷幄。以上这些词句在说一个什么样的道理呢？答案：事先要有充分、细致、系统的准备，才能确保效果。

那我们再来看一些成语：措手不及、临时抱佛脚、不知所措、吞吞吐吐、张口结舌。以上这些成语都说了一个什么样的道理？答案：准备不充分，基础不牢固，表达不流畅，效果打折扣。

明末清初的朱柏庐在《朱子治家格言》里讲："宜

第 4 课
销售过程中的必备信息有哪些：销售人员须熟知的 10 项内容

未雨而绸缪，毋临渴而掘井。"

有一位领导干部，曾经在多个县和市主持政府工作。开干部大会的时候，他经常脱稿讲话，从这个地区的 GDP（国内生产总值）构成到产业类别，从企业数量到财税数据，从经济政策到具体的标杆企业……他的表述之精准、表达之完整，都令人惊叹。人们钦佩这位领导记忆超群和才智过人，而一次偶然机会，我从他的一位亲密朋友的口中才听到真相：在这位领导的家中，茶几上、墙壁上、床头前，贴满了打印出来的文章、表格、图片，床头柜上摆放着厚厚的文件和图书。也就是说，他即使下班回到家了，也在不停地记数据、读资料、看文件。这让人更加钦佩，日常事务如此繁忙的领导干部，竟然在背后默默下了如此超常的功夫。

销售有很多技巧、很多方法，但是有一些基础的东西，需要"死记硬背"。

我总结了销售实践当中，须熟知的 10 项内容。而且我认为"应知应会"显然要求太低，应该是"熟记于心、对答如流"。你不熟记，就不可能用得恰到好处，更不可能用得游刃有余。这 10 项内容，是你在找到目标客户之后、与之沟通之前要掌握的。

1. 本公司的基本信息

作为销售人员，你首先应该知道"我是谁"。这包括自己所在公司名称、发展历程、企业文化、主要领导信息、主要荣誉和资质、分（子）公司关系、营业收入规模等。掌握这些基本信息，你在介绍自家公司的时候会更加系统、流畅。

比如领导信息，你应该尽可能掌握公司高管或股东的履历，因为他们在行业里一定比你有影响力，和客户聊公司领导，也许对促进你的业务有意想不到的帮助。

比如荣誉和资质，你要分清楚公司那么多"头衔"当中哪些是最重要的，它们的排列规则是什么？国家级制造业单项冠军、瞪羚企业、专精特新企业、国家高新技术企业……这些怎么排列？很多销售人员其实弄不清楚。你介绍说你们公司是瞪羚企业，人家顺口问你什么

第4课
销售过程中的必备信息有哪些：销售人员须熟知的10项内容

是瞪羚，我估计一半以上的销售人员回答不上来。"瞪羚"是一种体型不大、善于跳跃和奔跑的动物，瞪羚企业指的是那些已经跨越了初创期的死亡谷、进入快速成长期的创新型中小企业。还有像设计、施工、安装、总承包等专业资质，以及涉及化工、石油、电力等特定行业的专业资质等，销售人员都应该记清楚、弄明白。

还有很重要的一点，企业人数、营业收入规模等基本数据，对外一定要统一口径。某市一家医院要建一座办公楼，一家建筑公司先派了一名销售代表张经理去洽谈跟踪，过了没几天，张经理生病了，公司又安排万经理去继续跟踪。医院的基建科长见到万经理，说："这个项目时间紧、任务重，你们能保证工期吗？"

万经理赶忙表态："领导您放心，咱们公司一年十几个亿的产值，在咱们市的建筑行业也是数得上的。"

基建科长打断了万经理的话："十几个亿？你们上次来的张经理怎么说二十多亿？"

你看，这就是数据不统一闹出的笑话。一人一个数，张嘴就来，客户能放心吗？

2. 本公司的业务信息

我一再说，工业品销售是专业为王。工业品销售人员还有一个名字，叫销售工程师。因为他们不仅要懂销售，还要懂技术。有一些企业的技术能手转行去做销售，业务工作很快就取得进展，就是因为这些人有扎实的专业技术知识和专业素养，能把产品或服务说清楚、讲透彻。应熟知的本公司业务信息，包括主要业务板块、产品信息、工程或技术服务模式、知识产权等。特别是产品和技术优势的有关内容，要系统掌握，因为在销售洽谈过程中，本公司具有的产品和技术优势是客户关注的重点。

3. 主要竞争对手的信息

本章开头说了"知己知彼"，熟知主要竞争对手的信息，就是要充分了解所处行业的市场格局，包括供给方的行业市场分布状况、行业头部企业、你的主要竞争对手等。你要了解你的竞争对手的优势和劣势是什么，这种优劣势产生的原因是什么,哪些是绝对优势,哪些是相对优势等。因为在一般的商务对接过程中,客户很可能拿你们企业和同类企业做比较。那么如何获知这些对手的信息呢?可以查询公开信息,与业内人士沟通探寻,开展多种形式的调研,然后还要做综合分析。

4. 客户公司的基本信息

在拜访客户之前,要尽可能搜集客户公司的基本信息,比如公司体系(股权结构、集团与分公司或子公司的关系等)、主要领导信息、具体项目的负责人信息、营业收入规模等。

5. 客户公司的业务信息

除了客户公司的基本信息,你还要尽可能了解客户公司的业务板块、技术或产品现状、服务或产品痛点和需求。那么如何准确理解客户需求呢?标准化产品对应客户共性需求，非标准化产品对应客户个性化需求。理解客户需求，需要开展细致研究、专业分析等一系列工作，并站在客户的角度上去思考，通过何种方式，解决客户何种问题，预期达到何种效果。

6. 客户公司的关注点

要事先了解客户公司关注点在哪里，也就是客户对供给方有什么要求，比如品牌、资质、案例业绩、质量、效果、价格、速度等。如果能从一系列关注点中找出对方的核心关注点，那就更好了。核心关注点直接决定业务走向。如果你能极大满足他的核心关注点，其他的条件就会变得相对次要。研究客户公司的关注点，可以从该公司的招标信息中查询。像招标评分权重的设置，比如资质占比10%，业绩占比20%，价格占比20%，技术工艺占比50%，那么显而易见技术工艺是他们的核心关注点。

7. 客户公司的业务风险

要多方了解客户公司的信誉、资金实力、付款方式、工程组织能力、特定要求等，从而降低或避免业务风险。有关企业信息 App、信用查询网站等，都是不错的查证平台。如果有些公司经常出现货款纠纷，在业内就会形成负面评价，所以在行业内多多打听，也是有助于判断的。

8. 业务操作流程

所谓流程，就是一整套运作方式和步骤。流程中的每个点，叫作节点。一名销售人员，无论是通过学习培训，还是通过实践形成认知，都要清楚地掌握业务操作流程和规则。对内的有客户信息报备、请示汇报程序、审批程序、业务权限、费用支出标准等；对外的有商务沟通形式、技术交流方法、客户招投标程序和付款流程、商务合同范本等。

9. 客户公司与本公司的区域文化和商务礼仪

这个内容我在上面基本礼仪的课程中也讲到了，要了解客户公司所在区域的地理位置、概况、文化习俗、禁忌等。其实很简单，现在网络这么发达，事先做功课，研究对方所在区域的基本信息和文化。我还要提醒伙伴们一点，对本公司所在区域的基本情况也要有充分了解，辖区范围、人口、历史、名人、文化习俗等，不要等客户问到你的时候，你连自己所在的城市情况都说不清楚。

10. 行业政策与信息

一名销售人员，要了解涉及行业、企业或项目、产品的有关政策信息，以及安全、环保等特定的政策要求和标准。

第 4 课
销售过程中的必备信息有哪些：销售人员须熟知的 10 项内容

❖ 我的小故事 ❖

一堂"囧"课

这些年我在政府部门、院校、企业等讲过很多次课。千人会场的演讲，我站在台上也不会怯场。大风大浪都经历过，没想到却在小河里翻了船。

一家做网红小吃连锁加盟的企业，预约我去讲一次内部营销课。我讲课有一个习惯，很少讲通课。什么是通课呢？就是拿到哪个行业都能通用的课。我总是希望自己讲得更有针对性，所以会事先研究一下授课对象所在的行业或企业。然而，这次我接受了邀约后，凑巧那几天忙，没顾得上查资料、做准备。自以为"艺高人胆大"，到了约定的时间，我就匆匆上场了。

听课的人不多，三十几个人，都是他们公司的管理层。开始十几分钟，我阐释了自己核心的营销观点，讲得还算可以。当我想进入与他们所在的行业相关的话题时，突然感觉到有些心虚。为什么呢？因为我对这个行业的知识和信息储备不够。既然打开了话题，就硬着头皮往下说吧。什么都不懂怎么办？那就编，完全是东拼西凑。当时汗就下来了。本来计划 90 分钟的课,不到一小时就结束了。下了场,我对这家公司的总经理说:"今天状态不好,抱歉了。"我也没好意思在那里吃饭,赶紧溜走了。

回来后越想越觉得窘迫,于是自我复盘。仔细分析了一下,其实原因很简单,就两条:第一是自大,觉得这是一个小企业的内部课,从心里就没有足够的重视;第二是冒险,明知道对这个行业了解少,却没有做准备!

正如本章开头所说:凡事预则立,不预则废。

第5课 如何找到你的客户：
寻找客户的10条路径

　　一名刚入行的销售小白，看着前辈们打电话的打电话、见客户的见客户，往往感到很迷茫。天南地北、茫茫人海，该如何规划路径、如何着手呢？有的伙伴可能会问："老师您讲过要熟知客户的基本信息、业务信息、关注点和业务风险，可是我还没找到目标客户，该从哪儿开始呢？"

　　寻找客户之前，相信你们所在的公司应该从技术和市场层面都给大家做了培训。这里要提到两个重要的商业词语，第一个叫"客户画像"，它包含了：你的客户是谁（什么样的客户需要你的产品或服务），它们分布在哪里（区域），它们在什么节点需要你的产品（机会），这些客户的显著特点（共性）。注意，这里讲的客户是企业或机构，不是某个具体的人。第二个叫"决策群体"，就是客户采购过程中，哪些人参与沟通和决策，包括关键决策者和参与决策者。这两个内容，在附录中的"购买七单元"部分也会有讲解。

只有知道了这两个词语，才能正确地开始我们的销售工作。

1. 通过陌生拜访结识

在工业品销售领域，陌生拜访仍然是开拓市场、达成销售的主要路径。关于陌生拜访，我在这里只点个题，因为在下一课我会专门讲授陌生拜访的具体方法。我们需要知道如何获取陌生拜访的客户信息。在目标客户画像和决策群体都清楚了之后，就可以通过互联网进行信息搜集，主要通过一些搜索引擎、目标客户官方网站、招投标网站以及供求信息网站或手机 App 进行查询。园区信息收集也是一个简便的方法,因为近些年很多地方采取了专业园区运营的模式,建立了诸如化工、机床、医药、食品等工业产业园或者工业开发区,很多同类企业都在一个园区里。也可以找行业内的人打听,听他们介绍客户公司分布情况。这些信息都是原始信息,销售人员要进行甄别和梳理。只有在确定了信息的真实性和有效性后,才能开始陌生拜访或电话销售。

2. 通过电话销售建立联系

工业品销售是一个复杂的过程,电话销售几乎不可能完全达成交易。但是就开发客源而言,却是成本最低、效率最高的一种方式。我把具体的电话销售内容,也放在了下一章的陌生拜访里,再给伙伴们详细讲述。

3. 通过第三方组织引荐

我这里讲的第三方组织,就是销售公司和客户之间的媒介。它包括社会组织、科研机构、设计院等。

社会组织是指在各级民政部门依法登记的社会团体、社会服务机构（民办非企业单位）和基金会等。某些中心叫民办非企业，某些行业协会、区域商会叫社会团体。你可以通过与自己公司有关的行业协会特定关系人获得引荐，比如你们公司是做钢结构生产安装的，那么钢结构协会和建筑业协会都是有价值的目标平台。但是这样也有一个问题，钢结构协会里必然有很多钢结构企业会员，反而存在一些竞争。其实更好的选择是，到目标客户集中的行业协会去找资源。比如做钢结构的，可以到路桥协会或市政建设协会去找资源，找信息，获得推荐。

除了行业协会，区域商会也有作用。区域商会其实就是同乡企业的社团组织，有同乡感情联结，影响力比较大。比如你是四川的企业，想开发江苏市场，既可以去拜访江苏省的四川商会，又可以联系四川省的江苏商会，通过它们获得引荐。

如果说以上的引荐主要是人情因素在起作用，那么设计院的引荐就具有权威性了。设计院是行业里具有一定资质和拥有专业人才的设计机构，工业、电力、化工、建筑等领域都有一些知名设计院，它们在一些项目工程和大型设备安装的规划中起到重要作用。它们有可能是你的客户长期合作的乙方，也有可能和你的客户同属一个集团。如果能获得设计院特定关系人的引荐，那就太棒了。

4. 通过关系链介绍

在社会科学研究里，有一个六度空间理论：你和任何一个陌生人之间所间隔的人不会超过六个，也就是说最多通过六个中间人你就能够认识任何一个陌生人。当你成为销售人员的那一刻，就要把自己的关系资源认真梳理一遍，亲戚、朋友、老师、同学、同乡、邻居……你只要真诚请求、用心相处，应该有很多的资源可以嫁接。这还只是你的直接关系，如果再以此为基数把资源展开，亲戚的朋友、朋友的亲戚、老师的同学、同学的邻居、邻居的亲戚……这是多么宽广的关系资源空间。

我曾经讲过销售人员如何围绕销售去匹配人脉，其实就两个字"线索"。无非就是顺着人找项目，或者是顺着项目找人。你和这个人关系非常好，而且他有影响力、资源丰富，那你可以在他的资源里找与你相关的客户或项目；你获得了某些可靠的客户需求信息，也可以按照这个客户去寻找能够取得联系的中间人。

5. 通过展会获得客户资源

每年各地都会组织不少行业展会，这么多企业聚集到一个城市、一个展厅，的确是销售拓展的好机会。到行业展会参展是一种营销方式，但参展需要一定的成本投入和资源准备，这不是一个销售人员能够决定的。不过，这一定难不住聪明的销售人员。销售人员可以选择两种低成本方式去获客：第一种是蹭展，即到本行业的展会去发现客户，通过私下一对一的交流，获得客户联系方式；第二种是到目标客户行业展会上去"扫街"，比如你的客户是机械制造企业，那你就到机械设备展上去挨个展位拜访，找信息，找客户。

6. 通过互联网社交转化客户

互联网是一项伟大的发明，其中一个原因就是它打破了人与人之间的社交屏障。从过去的博客、微博，到现在的微信、抖音、快手，人们可以通过各种互联网平台进行交流。在此，我们不聊企业官方开展的 B2B 电商业务，而是讲讲作为销售人员的个体，如何用好互联网平台，有效筛选、联系目标客户。第一种是依靠优秀的内容创作和发表，获取用户关注，然后转化到私域；第二种是主动关注客户关键决策者公开账号，寻找联系的机会；第三种是到专业网站或 App 上与目标客户进行互动。比如有一款 App 是做职场社交的，它会通过数据分析关联到你的校友、同行或某些特定行业的从业人员。如果你有意识地围绕目标客户的行业去分享一些职场内容，主动添加一些相关领域的好友，App 就会推荐给你更多的"目标客户"。互联网上的人脉资源联结产生了，然后你就可以考虑如何把它们有效转化。

7. 通过专家级营销吸引客户

专家级营销是一个新的概念，它是指通过自身专业的提升，达到较高的专业水平，在为客户高质量解决问题的同时，实施的营销活动。但是我们今天讲的专家营销和这个概念略有不同，因为我们讲的是销售方法和路径，即通过参加专业讲座、参加论坛分享、撰写专业文章等集群式获客的销售方法和路径。首先你必须是专家，其次你要让更多的人知道你是专家。如果一名销售人员成为行业专家，那么客户就会主动来找你咨询，希望你帮他解决问题。客户主动找你，那么成交的成功率会大大提升。我早就说过，最好的营销，就是让客户来找你。

8. 通过公益性行动形成联结

某些特定的产品，也可以通过参与政府举办的活动或社会公益活动，获得销售的机会。比如政府应急管理部门组织某项安全检查工作，你的产品属于应急安全的范畴，则可以用微利甚至仅限于收回成本的方式参与进去。一方面可以获得政府背书，提升公司形象，另一方面与客户有了初步的合作后，可以寻找机会再进行延展销售。事实上很多公益性行动，都存在这样的销售可能。

9. 通过合作开发市场

合作开发市场，从公司营销管理的层面，可以体现在代理商、合资公司、项目合作等运营模式上。销售人员可以采用资源互换、渠道借用等多种方法来创新个人销售模式。资源互换是你用自己已有的客户资源换取对方已有的客户资源，就像一个卖帽子和一个卖围巾的，两人互相介绍客户一样；渠道借用是找同一目标客户但产品不同，且已经具备客户关系优势的销售人员，与其达成合作，进一步推进你的销售。合作嘛，无非定规矩、做成事、分好账。

10. 通过客户转介绍

客户转介绍，是一种常见的销售方式，而且成功率非常高。在工业品销售领域，特别是对技术门槛较高的一些高科技产品，和具有核心技术的设备改造、技术升级等项目，更是效果极佳。这里面有两个前提且缺一不可：第一，你为第一位客户提供的产品或技术服务价格合理、质量优良、效果突出；第二，你的服务到位，获得客户公司关键技术人员的信赖，或者说通过双方工作的配合促进了个人感情。你看，这就是转介绍的基本契机，说白了就是不仅你的产品好，你的人品也好，客户才会给你转介绍。

客户转介绍发生的情景有很多种。客户关键技术人员在同行业技术会议或论坛中以案例形式进行分享时触发了其他客户的需求，行业中不同公司之间技术交流中的咨询产生的推荐，同一集团下属的兄弟公司有相似需求而产生的推荐，还有其他主动的推荐介绍，等等。刚才讲成功率高，为什么？因为这是业内人士推荐，或者叫专业人士推荐。很多时候推荐者是业内技术领域的专家,具有一定话语权和权威性,再加上该产品或技术服务已经在第一位客户那里得到了实际的应用,相当于有了成功案例,从而帮助新客户规避了应用的潜在风险,也就更有说服力。

工业品销售,或者是做其他产品的销售,不能目光短浅地把一单业务的客户当成一次性客户,而应该把其当作拓展新资源的起点。有一种理论把第一位客户称为"种子客户",形容其会生根、发芽、生长,最后枝繁叶茂。我写过一篇文章,提出了类似的观点,让每一位客户都成为回头客,把每一位回头客都变成"销售者"。你的客户积极分享你的案例,介绍你的产品或技术服务,传播你的口碑,那不正是没有编制的超级销售者吗?

❖ 我的小故事 ❖

一个好产品的市场破冰

长期以来,中国用于过程控制的水质在线监测仪器仪表市场基本上都被国外产品垄断。我辅导过的一家服务型制造公司看到了这个市场机会，便投资成立了一家测控设备公司，与国内行业专家联合，对标这些知名品牌，刻苦攻关研发，终于在技术上实现了突破，产品在精度和稳定性上可与一线品牌媲美，其中氯离子、硫酸根等分析仪表极具技术优势。产品研发出来了，可是想要挤进已经成熟的市场难上加难。销售人员换了一拨儿又一拨儿，可是市场推进效果并不明显。后来这家公司的负责人找到我，问我该如何打破坚冰。我告诉他，过去客户一直都在使用国外的那些知名品牌，虽然你们的价格不到那些品牌的 1/3，但替换成你们的产品对采购者存在责任风险（如质量、效果、售后等方面的）。因此，要想实现市场突破，就必须找到好的种子客户。

我在科研机构、企业、院校的朋友比较多。一个偶然的机会，我得知某工业科学研究院计划开展此类科研项目，便推荐了这家测控设备公司。该研究院专家团队到测控设备公司进行了实地参观，和这家公司的研发人员进行了深入交流，最终达成共识，在某省最大的火力发电厂合作开展这个科研项目。经过紧张的设计、生产

第5课 如何找到你的客户：寻找客户的10条路径

和安装，项目进入了测试阶段。一年后，项目成功了，达到了预期效果。此后，该研究院的专家们在不同场合极力推荐这家公司的产品，这家公司的客户逐渐从一个变成了两个、三个、四个……

第6课 如何敲开客户的大门：陌生拜访的10种方法

如果你只是掌握着目标客户的大概信息，但是没有熟人介绍，怎么才能敲开客户的大门呢？这事儿听上去挺让人犯愁的。陌生拜访是常用的销售方式，它的目的就是和未曾发生关联的陌生客户关键决策者或相关人员建立联系。

某公司有几位新入职的销售人员，他们的销售总监请我去给这些新员工讲授"陌生拜访"。我没做PPT也没带课纲就去了。我说给我准备块白板就行。那次我没有单方面地讲授，而是采用了头脑风暴的方式——

第6课
如何敲开客户的大门：陌生拜访的10种方法

设定题目：陌生拜访有多少方法？

设定规则：发言不设任何限制，尽可以展开想象，说错了也没事儿。

新员工们七嘴八舌地表达自己的想法，我不时地给予肯定和鼓励，并按照他们提出的思路帮他们完善。大家的情绪被调动起来，思路就打开了。还别说，短短一个多小时，白板上密密麻麻写满了各种陌生拜访的方法。说实话，有些方法是"土办法"，甚至可能是打"擦边球"，不能直接使用。当然，陌生拜访需要根据当时的情境采用灵活合规的随机性策略，做到因地制宜、因时而动、因人而异，才能产生好的效果。

1. 直接去客户公司拜访

直接进入客户公司的可能性是有的。到达客户公司，在门口保安处登记，说明来意，并询问具体负责采购或者项目的办公室位置，或者询问到具体的负责人，然后到办公室去敲门。很多时候，保安是需要打内部电话征询相关人员意见的，比如："××公司来人想谈谈××项目的事，让他进去吗？"如果有幸被允许，这一关就算过了。见到相关人员，接下来就是自我介绍、说明来意、递交本公司产品或技术宣传资料、交换联系方式等，还有一个重要事项是约定下次沟通的时间和地点。比如邀请客户公司相关人员到本公司考察，或者约定再次拜访以进一步交流。

但是在实际操作中，能如此顺利见到客户公司相关人员的，其实非常少。因为大多数公司规定会见须预约，保安会问你找谁、是否提前联系了，如果你说不出来，就可能被挡在门外。还有很多国企或者大型公司，需要内部报备，也就是说你找的人要走内部程序报备给保安，才能放行。

2. 在互联网上寻找相关人员的联系方式

按照上面说的，没有预约，陌生拜访往往就会遇到困难。那么我们能不能找到客户公司的相关人员信息呢？互联网是一个很好的工具。具有开放和集聚特点的互联网，储备了海量的信息，我们需要认真地从海量信息中寻找目标信息。第一个方向是官方信息，像客户公司的官网、微信公众号、抖音号、百家号等；第二个方向是招投标网站、商务信息网站，看看有没有客户公司相关人员信息和联系方式。如果有幸找到匹配的信息，就可以拨打电话或添加微信，与其进行沟通和预约。

3. 从保安身上寻求突破

既然保安是陌生拜访必过的第一关，那么我们是否可以从保安身上寻求突破呢？我们先研究一下保安这个职业。企业的所谓保安，就是过去传达室的门卫，主要工作职责是出入人员登记、门里门外秩序维护、收发物件等。国企或大型企业的保安，大部分是保安公司或物业公司派遣的人员，一些中小企业通常也会安排年龄偏大的一线员工转岗做保安。他们在这个特殊的岗位上工作久了，对企业的情况都比较了解。不要小看保安，他们有权把陌生的拜访者挡在门外，所以，首先要尊重，充分尊重他们的工作。第一次去拜访时，即使保安不让你进也别急，可以先和他们唠唠家常，了解一些基本情况。今天不行，那就明天再去。有时遇到性格外向一些的保安，他会帮你引荐关系好的采购人员，从而通过采购人员实现合规拜访，开展工作。和客户公司保安的良好沟通，是突破陌生拜访第一关的关键。

4. "潜"入客户公司

在现实中，销售人员想进入客户公司，什么办法都尝试过，有的甚至超出人们的想象。我访谈过的销售人员，有的趁着上班的时间人多，随着人流就进去了；有的是跟着公司的外协维修队伍进去的；还有跟着外部参访团队进去的。当然，这些情况主要发生在那些管理不太严格的中小公司。随着公司的管理越来越规范，这种方式既不合规，也不再好用。同时，我也不赞成这种"打擦边球"的做法。

5. 向客户公司员工求助

因为报不上联系人的姓名，保安不放行，那就得在采购、工程、项目等的联系人信息上下点功夫。在头脑风暴中，有人就提出来向客户公司员工求助来找信息。怎么找呢？下班的时候在客户公司门口等着，看到形象朴实的员工就主动攀谈，告知实情，说自己从外地来联系业务，不知道谁负责该板块业务，能不能打听一下。如果问对了人，对方可能就会告诉你，如"采购部的张三负责"。再进一步，也可能会要出来张三的电话号码。这个信息拿到了，再来这家客户公司就会顺畅多了。或者，拿到这个信息后，也可以直接给采购部的张三打电话，或者加微信说明来意。

6. 现场观察公开信息

到了客户公司门外，也可以留意现场的一些公开信息，比如企业形象宣传栏、文化展板，如果有新开工的项目，还会有一些项目公示信息，我们就可以从这些公开信息里寻找相关人员的信息。有一个做机电配件的销售人员小陈，去做陌生拜访的时候，在客户工厂的大门外看到一面功勋墙，从里面发现了"创新标兵机电部经理齐××"的名字和照片，他就拿出手机拍了照。下班时间，小陈在工厂外的停车场等待，还真等到了这位齐经理。他上前主动打招呼，说："齐经理您好，我是××公司的小陈，想找您聊聊业务上的事儿。"

7. 打听联系人的关键信息

只要用心，也可能打听出具体联系人的基本信息，比如他平时经常去的地方，习惯去的加油站、经常去的小卖店等。这些信息都是关键信息，有了这些，和客户公司的相关人员制造偶遇、建立联系才有了可能。比如可以在客户公司的停车场等候他的出现，或者在他经常光顾的店铺门口等待。但是要注意，现在大家对隐私保护得比较好，也比较重视生活的私密性，因此在尝试接触时，要顾及对方的感受，把握好分寸，不要得不偿失。

8. 到附近商户找线索

有些企业在园区，有些企业在乡镇。在企业聚集的地方，总会有一些服务业，比如物流运输、餐饮、百货等。而且每个小区域，都会有几家店面不大但生意红火的特色餐饮店。这可是信息密集的地方，也是个小社会。销售人员可以去这些餐饮店找线索，到那些店里吃饭，找店老板聊聊天，说不定就能获得相关人员的信息，也有可能和客户巧遇呢。有些精明的销售员甚至通过餐饮店老板介绍，认识了客户公司的采购人员或项目负责人。

9. 找客户公司领导

如果保安不让进，也找不到客户公司的具体负责业务的人员，那就找领导。领导的信息一般比较公开，在很多企业信息查询的 App 上基本都能查到，有些中小企业领导的手机号，甚至会发布在企业官网上。可以直接通过网上的公开信息联系领导，甚至可以尝试直接打领导的电话。领导接了电话一听是联系某项业务的，一般会说："这个事儿你去××部门找××吧！"好，那你就可以理直气壮地找具体的负责人了。

10. 电话陌生拜访

凡是未经介绍或预约的首次沟通都叫陌生拜访。通过电话进行首次沟通，叫作电话陌生拜访。电话陌生拜访是销售沟通的一种常用方式，尤其是在连锁加盟招商、商铺招商、地产销售、投资理财等领域应用广泛，在我们工业品销售工作中也是常用的沟通方式之一。

电话陌生拜访的优点是成本低、沟通便捷，能够对品牌、产品或技术进行概要性的宣传介绍，而且没有地域限制。如果目标客户联系方式足够丰富，一名销售人员每天可以打几十个销售电话，无论目标客户身处何地，都能即刻进行沟通。前提是，他接你的电话，听你的陈述。电话陌生拜访主要有三个方面的局限性：一是近年来电话推销泛滥，人们对骚扰电话的抵触情绪很大；二是存在一定的距离屏障，无法及时和准确地察觉对方的反应并做出必要的沟通调整；三是在电话两端的人产生情感联结相对比较困难。所以有句话说："打十次电话，不如见一面；见十次面，不如坐下来吃顿饭。"

就工业品销售而言，电话沟通是个铺垫，担当的职责是"邀约到访"或者"预约拜访"，几乎不可能仅凭电话沟通就成交。对已经成交的业务，电话则起到便捷沟通和交流的作用。了解了电话沟通的特点，那么销售人员应该如何去做呢？做任何事情，事先准备充足才会成功，没有准备就有可能失败。说话也要有准备，不然可能张口结舌、前后矛盾，甚至被客户问得无话可说。电话陌生拜访，在拨通电话前，要做好信息研判、知识储备，或者设计好基本话术。接通电话后，开场白至关重要，要和那些常见的骚扰电话有区别，要有新意，如果对方能听下去的话，便把握好时间和火候，简明扼要、直奔主题，重点不是讲透，而是"约"，诚恳地邀约或预约当面汇报。

电话沟通是动态的,所以要随机应变。同时要学会引导客户说话,能通过即时对客户话语的分析来了解客户的核心关注点,了解客户的痛点,然后给予解答。要站在客户的角度去思考、去表达,把你所表述的变成他需要的。

❖ 我的小故事 ❖

一件用心的小礼物

经济领域有一位老专家是我专业研究上的引路人,给了我非常多的鼓励和支持。在他退休之际,我邀请他共进晚餐。席间,我拿出一个红色小纸袋送给他。他打开纸袋翻看,里面是一本精美的画册。老专家面露喜色,夸赞我真是用心了。想知道我送给他的是什么礼物吗?那是我在全国各地报纸电子版上收集到的他出席重要学术活动的图片报道,按照报纸原版面样式缩印的彩印版。我告诉他,这个画册我只印了一本,是"独家珍藏版"。现在的印刷技术很先进,只花了几百元钱。不贵,但很珍贵。

如何敲开客户的大门：陌生拜访的10种方法

　　这个小故事讲完，我还是要展开讲一个知识点：伴手礼怎么送。伴手礼也叫随手礼，通常用于拜访客户、拜访亲朋时的礼节性馈赠。特别是在进行陌生拜访时，小小的伴手礼能够展现你的重视，拉近彼此的心理距离。我认为合适的伴手礼有三个特点：精心定制、价格不高、便于携带。精心定制，就是要有创意，要契合对方的喜好，对方觉得你用心了，会增加对你的好感；价格不高，对方才好接受，不产生心理压力，没有功利的嫌疑，不是说他拿了这个东西就必须和你成交；便于携带，放在包里，随时拿出来，赠送便捷。之前在"创新力"内容里讲过一个销售人员定制的二十元左右的水杯，就是很好的案例。现在的电商平台上有很多创意小礼品，微型充电宝、感应夜灯、床头手机支架、桌面加湿器、微型烧水壶等，都可参考。

　　我没当过一天教师，但是在多年管理与营销知识的传播中有了不少学生。有一年的教师节，有个学生就给我送来一幅书法家写的字"宝剑锋从磨砺出，梅花香自苦寒来"。你看他多用心，这句子里面既包含了我的名字，又蕴含了人生奋斗的寓意。

第7课 如何成为沟通高手：
销售沟通的10种技巧

今天讲销售沟通，我们先了解两个词：表达和沟通。有的伙伴可能有疑问："表达不就是沟通吗？"表达是通过语言、态度、肢体表示自己的意思或思想；而沟通原意是开沟使两边通畅，后泛指双方或多方通过互动交流以达到信息传递通畅的目的。我给学员们讲课是表达，销售人员给客户介绍产品也是表达。学员们听我讲完课后提出一些问题，我给予解答，这就是沟通。销售人员给客户讲完产品，双方就一些问题进行交流磋商，这也是沟通。

当然在实际运用的过程中，可能很难将表达和沟通

第 7 课
如何成为沟通高手：销售沟通的 10 种技巧

完全割裂开。表达之中有沟通，沟通之中有表达，或者可以理解成沟通包含表达、倾听、交流和互动，所以我就把表达与沟通放在一起讲。

在第 2 课我提到了"沟通力"。沟通力对销售人员来说是至关重要的核心能力。沟通力具有一定的先天性，有些人天生就是社交家，善于表达，擅长沟通。好在后天的学习和锻炼也可以提高这种能力，尤其是实践锻炼更有效果——突破怯场的心理瓶颈，勇敢地尝试各种环境下的表达与沟通，形成自己独特的沟通风格。

我曾经看到过这样一段话，并认为它很有道理："说话只要声音一低，你的声音就会有磁性；说话只要一慢，你就会有气质；你敢停顿，就能显示出你的权威。任何时候都不要紧张，永远展现出舒适放松的状态，永远把任何你想接触的人当成老朋友，交谈就行了。"有一个刚毕业的年轻人初入销售职场，在人多的时候或者见到陌生人的时候都很紧张，不敢讲话，生怕自己讲错了。后来他给自己定了一个目标：勇敢地去做自己没做过的事！比如参加内部会议，他主动上台讲 PPT；公司年会，他主动做活动主持人。刚开始的时候他当然是紧张而窘迫，手抖得连稿纸都拿不稳，但是经过一段时间锻炼，他已经能够从容应对各种场合，语言表达精准流畅，表情及肢体配合恰当有分寸。

从事销售工作最重要的是自信！对自家产品和服务的自信，对自家公司的自信。如果你连自家的公司与产品和服务都怀疑，很难想象你的推介能打动客户。有了这种自信，你的语言和行动才更加坚定，你才能从单纯"售卖"的状态，转变为向客户推介好产品、好技术，为客户解决问题的积极状态。

好了，讲具体的表达与沟通技巧之前，伙伴们可以一起回忆一下我之前讲过的"销售人员须熟知的 10 个知识点"，沟通前我们要在那些方面做足功课。有了那些丰富的知识和信息做基础，你和客户沟通起来会更有底气、更主动。

1. 简要陈述

在拜访客户的时候，我们总是需要做一些陈述。内容大概是一些基本事实和想法，比如本公司的情况、你个人的介绍、此行的目的等。这些陈述要有逻辑，不能东拉西扯，不能啰里啰唆。我经常被邀请担任创业创新大赛的评委，审阅过大量的创业项目PPT，基于这些经验，我认为一个好的销售陈述无非就是回答以下几个问题：我们是谁（公司简介、资质荣誉）？我们做过什么（市场占有率、业绩案例）？我们想为你做什么（业务需求）？你为什么应该选择我们（核心优势、解决客户什么问题）？至于是先展开陈述，还是先拉近情感距离再做陈述，没有标准答案，要依据当时的环境做出随机判断。

无论怎么提醒，总是有人喜欢侃侃而谈，堆砌辞藻，似乎说得越多，越能显示其才华和阅历。要记住，商务沟通不是演讲，更不是演出，而是为了推进业务而进行的务实交流。简洁，把事情说清楚，让客户产生印象，唤起客户进一步了解的欲望，这才是关键。

2. 适当赞美和认同

如果某天我在课堂上给学员们讲课,有人夸赞我"老师,您很英俊",我听了会很不舒服,因为我有自知之明,知道自己其貌不扬,他却拿我的短板当亮点,我还怕大家笑话呢。但是如果有人说我讲课讲得很好,我倒是有可能沾沾自喜,因为我会觉得这个评价接近事实(当然,事实上我讲课也不一定好)。你看,同样是赞美,效果却不同。

做销售工作与客户接触,拉近情感距离是促成业务合作的重要方法,这里面有很多策略,其中赞美和认同就很有效。心理学家威廉·詹姆斯曾指出,人性的根源深处,强烈渴求着他人的欣赏。有人说,赞美不就是夸人吗,谁不会?事实上并不是这么简单。赞美要有理有据,要做到准确、恰当、适宜,这是有点"技术"难度的。

赞美没有模板,要看人、看事、看环境,总之赞美不能太假、太过。千万不要把赞美弄成了"拍马屁",特别是不止客户一个人在场的时候。

把思路打开，赞美和认同，不一定非得针对客户个人身上的特点，可以是他办公室的一盆花、桌上的一本书、墙上的一幅画。赞美其实是需要一定知识储备的，所以我一再说销售人员要学习多领域的知识。比如，一位客户办公室墙上挂着某著名书法家的作品，你赞美的时候，不能只说"这字写得太好了"，这样太肤浅。如果你有书法方面的知识储备，你可以说："呦，这不是××大师的作品吗？他擅长草书，字体龙飞凤舞、气势磅礴，作品非常难得。"

赞美和认同，给客户带来的是什么？是情绪价值。情绪价值就是通过语言、行动、态度传导，给对方带来的情绪感受。举个有意思的例子，起风了，你送他一件衣服不一定有情绪价值，更多的是使用价值；但是你把自己的外套脱下来给他，就是在传导情绪价值。

我还是希望伙伴们能够认真地去观察和发现每个人身上的闪光点，发自内心地赞美和认同他人。这种真实与真诚，更能深入人心，打动客户。

3. 放低身段求教

放低身段容易获得客户好感。但事实上，供应商在面对客户时本身就是低姿态的。如果在这个现实条件下再放低，反而失去了尊严，让对方觉得你是在可怜巴巴地乞求。

在实践中，基于专业内容去真诚求教，则绕开了甲乙方固有的地位差距，迎合了客户的人性需求，对沟通能起到更加积极的作用。比如："您在这个行业深耕多年，是我的前辈和老师，我更想听听您在××技术方面的意见。"如果对方确信你是在请教他，那么他的自我心理地位就会提高，会激发出他主动沟通的欲望，他表达的内容就会增多，你获得的信息也会增加，这对于商务上的判断非常有价值。同时这种基于专业的尊重，也会让对方增加对你的好感。

其实这不单单是一种销售沟通的策略，也是一种积极的学习态度。如果你对接的客户真的是行业专家，那么你在求教的过程中，就能学习到更多的专业知识，包括他的实践经验。经过长时间的接触，他发现你虚心好学，那么他可能从情感上就把你当成了他的学生，这个时候，他又可能给你带来意想不到的资源。

4. 善于倾听

　　会说不会听，徒劳又无功。沟通是双向的，其中有很大一部分在于"听"。听，首先是一种礼仪上的尊重，其次是直接获得项目信息的重要途径，最后是储备回应信息的基础。它的基本要求是认真倾听、仔细观察、迅速消化、准备回应。倾听的同时，注意观察客户的表情、动作和语气，把握哪些话是常规内容，哪些是重点，哪些是客户的关注点，甚至哪些有潜台词和言外之意。在听的过程中，还要迅速生成准备回应或答复的内容。当然，你也不能在那里傻傻地听，要学会配合，通过语言和肢体动作的合理运用，让客户产生自己被重视的感觉，感到舒适。比如，听到客户表述一些要求，可以回应"嗯，明白"；听到客户的求证，可以回应"是的，没错"。再比如，与客户对视能体现出你的认真，微微点头表示你对其观点的认可等。

5. 学会变通

有个词叫"变通",我的理解是"事物因为变化而通达",放在这里就是应变的沟通。销售人员在与客户的沟通中,既要周全,又要随机应变。

如果自己的观点与对方的观点不同,可以尝试委婉地表达。比如:"您说得非常有道理,但我们的想法是……"这叫以退为进。

如果没听清楚对方的表述,或者不明白对方的意思,不要直接要求对方复述一遍,那样显得很不礼貌。可以按自己的想法阐释一遍,予以求证。比如:"您的意思是……"或者:"我是不是可以这样理解……"这样,常常能得到他的再次表述或解释。

还要学会留有余地。如果遇到不便当即表态的问题,可以这样回复:"我会向公司领导汇报,尽快给您答复。"

有些客户犹豫不决,可能是因为选择焦虑,也可能是因为个人性格。遇到这种情况,不能催得太紧，否则给他造成过大的压力，引起他的反感，这事儿就难办了。我倒觉得，想办法舒缓他的选择压力，效果会更好，比如告诉他："我这边不成单也没什么问题，但是我真心想和您一起分析一下该如何把这项任务做得更好。"这其实是一种变相的介入，而且委婉了许多。

你看，这都是应变的沟通。

6. 寻找共同话题

销售人员在和客户有关人员的接触中，谈话的内容不一定都是业务上的事情。聊聊家常、聊聊爱好，能够将双方的关系从单纯的业务关系向朋友关系延展。销售人员应该细心地发现并引出更多的共同话题。兴趣爱好是可以拉近彼此距离的媒介，所以销售人员如果爱好广泛，说不定在哪个业务中就能用得上。比如对方是足球迷，而你恰好知道足球类的知识，没事就和他聊一聊，适当的时候邀请他去看球赛，这些都是非常好的沟通方式。

销售人员要想变得"见多识广",就得多学习、多读书、多观察、多积累。之所以强调知识面广,是因为你每天要见的客户有不同的学历、不同的经历,甚至不同的观点,而你必须能和这些不同的人说上话、聊得来。前段时间我认识了某企业的一名技术主任,可是对技术我知之甚少,所以他聊技术的时候我一般插不上话,但是我们聊天的过程中,我发现他对传统文化非常有兴趣,就有了共同的话题,我们聊到儒释道,聊到人生哲学,气氛很融洽。

7. 持续性沟通

销售本身就是一个动态变化的过程,从沟通的形态上看,销售人员要足够细心和耐心地与客户进行持续性沟通。该见面的见面,该打电话的打电话,该发微信的发微信,特别是对客户方的主动性询问要及时回复。有人问,如果遇到不太好沟通的客户怎么办?那就要巧妙地主动提问,用问题引发对方的思考,引出沟通话题。除了产品和服务本身的竞争力,销售人员在一定程度上其实是在和竞争对手拼耐力。沟通百谈不倦，方案百改不厌，我就不信这份执着打动不了客户。

8. 底线与立场

在客户具有决定权的买方市场，很多销售人员都认为自己处于劣势地位。但那并不意味着销售人员必须一味地让步和妥协。在沟通的关键时刻，要敢于坚持自己的底线和立场，并巧妙地表达出来。比如在交货时间上有分歧，有的销售人员可能会说："真的没有办法了，我们最快只能7月5日交货！"我不认为这是恰当的表达方式，因为这样的态度会显得过于强硬，容易让客户感受到逼迫和威胁。正确的沟通方式是："如果按照您要求的时间，我们的确是无法保证的，但是我们会尽量往前赶。我们测算最快的期限是7月5日，希望您能理解。"

如果你不能明确表达底线和立场，往往就会出现两个方面的问题。一个是你的模棱两可、含糊其词让客户产生疑虑；另一个是你的无底线承诺和包揽，让下一步的业务实施变得非常被动。

9. 话术学习与应用

这里所说的话术，是一些公司或销售人员总结出来的标准化沟通模板，也是销售人员必须掌握的基础知识。当然，这些话术需要具有针对性和实用性才有价值。我们通常会用树状图或思维导图来梳理话术——客户这样讲，我们这样附和；客户那样问，我们那样答。比如客户说"你们的价格有点高啊"，话术里提示的回答是"可是我们的质量好啊，因为我们的材料用的都是大品牌的"。话术是基本的，同时也是呆板的，不过我们只有将话术熟记于心，才更可能在实践交流中得心应手，获得自由发挥和创新的空间。大家看到的很多演员和主持人，刚入行的时候也要苦练台词，经过长期的舞台历练，才有了今天的名声，正所谓"台上一分钟，台下十年功"。话术看上去是笨法子，但是用多了、用熟了，就能用活了，用活了就会有实际效果。

10. 设计多样化的沟通场景

之前我也讲过沟通场景的多样化。销售人员与客户沟通的大部分场景是在客户公司的会议室或办公室，是相对正规的场所。如果为了增进感情，就需要设计更多的沟通场景。可以邀约客户，把沟通场景转移到餐厅、咖啡厅或茶馆等商务或休闲场所。这种场景一方面便于排除客户工作杂事的干扰，形成更有针对性的沟通；另一方面有利于增进双方的情感交流，创造良好的沟通体验。

还有一个重要场景是客户到你公司现场考察，这可是到你的"主场"了，是难得的沟通机会，要精心设计好接待流程，比如挂欢迎横幅、住宿和餐饮安排、工作交流、现场考察，或者就近安排一些文旅类的参观活动。这一课是讲沟通，但是我讲到这里，有必要对餐饮接待方面再多提两句：异地的客户到你们公司考察，实际上也是一次"旅行"，而旅行除了游览名胜古迹之外，吃什么同样很重要。不一定非得安排商务宴，因为酒店里的商务宴，全国各地大致雷同，可以多安排一些独具特色的地方风味菜肴，给客户提供不一样的味蕾体验和记忆。科学研究发现，美食与情绪、记忆有着直接的联系，这种独特而美好的体验和记忆，会让客户在心中给你"加分"。

❖ **我的小故事** ❖

一场商业冲突的斡旋者

本来商业竞争是正常的，但如果变成"冲突"就多了些火药味。怎么回事呢？一家商贸公司，老板姓文，是销售自动化办公设备的，产品有电脑、打印机、投影仪等。它的业务模式也是B2B，客户大都是企事业单位，其中最大的一家客户是某大型企业集团，我们称它为A集团吧。A集团采取招标方式来确定数家合格供应商，下属的几百家分（子）公司如有采购需求，可与供应商名录里的供应商自行对接并洽谈。之前在自动化办公设备这个品类里，有七家供应商，虽然有竞争，但是文总这边实力比较强，一直占据A集团体系内采购份额的30%左右，算是大户。

如何成为沟通高手：销售沟通的10种技巧

然而，A集团每三年重新招标，调整供应商名录。这不，调整后的新供应商名录里，多了一家也比较有实力的商贸公司，老板姓朱。因为在行业里大家对彼此的实力和资源都有所了解，所以文总把新进入的朱总当作最大的敌人，而朱总也把击败文总当作首要目标。他们两家公司团队成员各自开始"备战"，找源头厂家要资源，对接A集团下属公司，做降价准备，而且两人都放出了"狠话"。价格战、关系战一触即发。其实，两位老板心里都明白，打起来的结果只能是两败俱伤。

后来文总找到我，问我还有没有办法。我说："总共七八家供应商，你目前占30%的份额，为什么非得和最强大的对手起冲突呢？"这句话点醒了他。他表示可以和朱总见面聊一下，但是不知道朱总愿不愿意聊。

我和朱总也很熟悉。我找到他，并没有告诉他文总找过我，而是站到他的立场上帮他做了一些分析："你公司刚进入供应商名录，如果和文总直接竞争，打价格战赚不到钱，与他合作了几年的一些分（子）公司关系也比较稳固，争得太厉害，会让采购方左右为难，不符合你与A集团合作中的长期利益诉求。"朱总性格比较好强，在和他的沟通中，我观察他虽然嘴硬，但是不经意中也流露出一些担忧。后来我抓住机会，表示我可以约他们俩见面聊聊。我补充道："先礼后兵嘛！聊不好，你们再'开战'也不迟。"

于是我把两个人约到了茶馆。这里有个细节安排：为什么把茶馆作为沟通场所？原因在于，这个时候，任何一方去对方公司，都有"低头求和"的嫌疑，显得没面子，只有在第三方地点才公平。为什么不约两人去吃饭？因为还不知道谈成什么样，两杯酒下肚，弄不好就翻了脸。

两人一见面，先是虚张声势，各自表明自己的实力和资源。我引导说："博弈，不一定是零和博弈——你多了他少了。你们两位老板应该把市场目标放到剩下的70%上。强强联手，才能所向披靡。"都是生意人，这个账他们心里最清楚，两人最终握手言和。经过沟通商议，他俩针对A集团体系达成了一个有意思的合作：第一，文总现有的客户，朱总不介入，但是文总现有客户净利润额的10%，分给朱总。第二，剩余的70%市场合作开发，按照大的区域（南方和北方）划分，南方市

如何成为沟通高手：销售沟通的10种技巧

场以朱总为主，文总配合，净利润按8∶2分成；北方市场以文总为主，朱总配合，净利润也按8∶2分成。他俩这样一联手，几乎就没其他供应商什么事儿了，一年后的战绩也证明了合作的正确性：文总的市场份额提高到了40%多，朱总的市场份额也达到了33%，而且各自在对方成交的业务中分到了不少利润。

这个故事只是给大家讲了大概的情形，实际上当时的沟通非常复杂，从对立到谈判，从谈判到合作，很有意思。表面上看，沟通是表达、倾听、交流和互动，其实沟通包含了语言运用、倾听理解、情绪控制、临场发挥、即时判断、随机应变等多个方面。也就是说，沟通看上去是外在的语言交流，其实本质上是一种情绪和心理的构建活动。它需要身心的高度配合来完成。

第8课 销售有哪些重要节点或数据：
销售的10个关注点

一名优秀的运动员，在赛场上拿冠军是终极目标，也是成果检验。但是整个比赛包含了专业训练、辅助训练、饮食营养调理、体能储备、模拟比赛、正式比赛等多个节点。观众在赛场上看到的只是一个节点，看不见的是备赛以来由多个节点组成的一条线。

今天给伙伴们讲的内容，既是销售人员自我管理、深耕细作的关键动作和关键指标，也是销售管理者或人力资源部门实用的销售KPI（关键绩效指标）。大家知道，销售是一套动作，最直接的成果就是成交。但是想要成为一名优秀的销售人员，仅仅把成交当作唯一动作来考量是不够的。前期一系列的动作没做好，成功可能是偶然；所有动作都做对了，成功是迟早的事。销售这套动作，也是由多个节点组成的，其中还包括一些关键数据，现在我们就来看看它都包括哪些重要内容。

1. 有效信息的搜集量

市场信息是销售基础，是第一手资料。对销售人员来说，市场信息包括客户信息和客户需求信息，我们称之为"销售线索"。销售人员获取销售线索的途径很多，包括传统媒体、互联网信息、招投标平台、社交活动、专业论坛、老客户提供、陌生拜访等。最初的信息都是原始信息，里面掺杂着现在的信息、过期信息、因某些原因没有实施的项目信息，甚至还掺杂着杜撰的假信息。

说到假信息，在这里需要提醒各位小伙伴，特别是刚从事销售工作的"小白"，一定要擦亮眼睛，谨防落入陷阱。在社会上，有不少人利用公司急于卖货、销售人员急于成交的诉求，骗吃、骗喝、骗礼品、骗取钱财。我和朋友吃饭的时候，遇见过一位X先生，在桌上他听说我辅导过不少公司，就询问有没有做大型工程的。我说有啊，土建、钢结构、园林绿化、路桥的都有。他说福建有一个50亿元的项目，中标总包单位某央企和他有紧密联系，计划对外分包20亿元的工程，让我推荐一家分包公司。说完，他还煞有介事地让我看了手机里的一些照片，有他和一些领导干部或企业家的合影，还有一些几亿元、几十亿元业务合同的照片。我心存疑惑，这么大的项目，一般不会如此简单运作。事后，我还是把这个信息给了一家建筑工程公司，叮嘱他们先把项目情况查实再说。没过多久，这家建筑公司反馈，项目属实，但分包的五个标段承包方都已经确定，如果像X所言，即使拿到业务，也得是转手的第三包、第四包了。后来我们综合分析，这就是个典型的骗子。通过这些年总结的经验，那些告诉你"项目数额较大、关系非常可靠、马上签约进场"，并向你展示与名人合影、内部合同资料的人，基本上都是骗子。如果你信了，接下来他会去你们公司"考察"，吃、喝、拿，还会在酒桌上现场给"某大项目负责人"打电话，打消你的顾虑。再往下走，可能就会索要所谓公关费、进场费、保证金之类的，原形毕露。

有经验的销售人员会通过细心梳理、查证，或者通过初步的沟通，形成自己的判断，把有价值的信息保留下来。真实的、与本公司供给的产品或技术服务相匹配的信息，被称为有价值的信息，即有效信息。"真实"很好理解，就是这个客户的需求的确存在，或者已经将需求升级为采购计划。什么叫"与本公司供给的产品或技术服务相匹配"呢？客户有需求、有计划，但是你们公司的供给能力不足、供给产品不对路、资质不符等，这就是不匹配。再进一步讲，存在客户公司征信有问题、采购流程有问题等其他客观原因，不利于你公司与其开展合作的，也属于不匹配。

一名销售人员掌握的有效信息越多，就意味着他的信息搜集和识别能力越强，精准的目标客户也就越多。

2. 目标客户拜访量

拜访目标客户大概有这样几种前因：一是上面讲的依据有效信息进行拜访；二是对某个区域（比如做化工原料销售的到化工园区）进行"扫街式"陌生拜访；三是熟人介绍或者客户转介绍；四是客户因有需求而主动联系你们公司约定的会面沟通。目标客户拜访量是衡量销售人员敬业程度的重要指标。

我经常讲销售成交的概率，如果拜访沟通后的实际成交率约为 10%，一年拜访 200 家客户就可能成交 20 家左右，而一年拜访 50 家客户可能充其量成交 5 家，结果相差甚远。

当然，成交还只是一个方面，因为拜访是面对面和目标客户交流，所以销售人员会更加深入地了解到客户的真实想法和需求，将这些信息反馈到本公司进行适应性调整，将会使本公司的产品和服务更有针对性、更具竞争力。

3. 招投标或议标

在双方进行商务沟通、技术交流之后，客户如果有多个备选供应商，一般会采用招标的方式确定最终供应商。客户如果对你们公司及方案都高度认可，也有采用议标方式直接谈判确定的可能。

如果是招投标，即使客户之前已经对你们有了意向，甚至有过暗示或许诺，仍然可能有意外情况，所以销售人员要谨慎对待，及时判断和沟通，不可掉以轻心。议标相对要好一些，在这一环节双方就具体业务内容进行磋商，胜算更大。

这个节点之所以重要，是因为它是成交的实质性步骤。中标通知书一发，就可以签合同了。还有一点需要提醒各位，如果之前双方没有过业务合作，很多大企业，特别是国企、央企，还要求必须先办理供应商入库（进入客户的合格供应商名录），才能参与其招投标事宜，这也很关键。在本书附录中，我会给大家讲述客户采购的全部过程。

4. 销售额

销售额就是销售人员的成交额。它是一个直观数据，体现出销售人员对公司产值或营收的贡献。销售团队的销售额体现了整个公司的市场销售规模和市场占有率。大部分公司对销售人员的销售额进行考核，称之为销售业绩。但是在实际的销售管理中，销售额无法单独体现价值。销售团队给公司开拓了市场、占领了市场，但是能给公司创造多少价值以及该价值是否到位，也是非常关键的指标。所以还应该关注利润率和回款进度，特别是回款进度，对回款的及时推进保障了价值到位。

5. 利润率

利润率分为毛利率和净利率。销售人员应该关注自己所做业务的利润指标，尽可能实现效益最大化，这些指标体现出你为公司赚了多少钱。但也有一些特殊情况下的业务，可能是微利甚至亏损的。比如，你们公司为了进入新的客户集团体系，进入新的市场领域，或者需要某些特定的业绩积累、增加资质条件，就可能有意降低或舍弃利润。这是属于战略性的，其价格权限一般掌握在销售负责人或公司高管手里。

6. 回款情况

　　公司里常说的"回款"，就是指应收账款回收。单就销售业务而言，回款情况反映了该笔业务的资金流动情况。合同签了，活干了，还要把钱按时足额收回来。在当今市场上，只有极少数公司的产品因为品牌强大、技术领先而供不应求，基本上没有应收账款，其余大部分公司都遵循着约定俗成的结算模式，比如预付款、进度付款、质保金（尾款）等。从资金安全上讲，销售人员只有按期全额把货款或工程款收回来，那些所谓的利润才能实现，因为前期回收的款项大部分都是公司的成本，一般最后的 10% ～ 20% 才是净利润。所以，回款是头等大事。

　　销售人员要强化风险意识，确保货款应收尽收。只要钱还没收回来,就存在风险,比如客户出现资金周转问题、法律纠纷、股权变更等,甚至破产清算,当然也有客户故意拖欠的情况。一旦出现呆滞账款,就会给公司带来损失。让销售人员最头疼的是,如果你做一个集团公司体系的业务,而这个集团下属公司很多,你就很难提起法律诉讼。因为一旦诉讼,对方整个集团就会在内部把你公司拉入黑名单。

7. 客户满意度

大部分公司关注的是营业收入、利润和市场占有率,但其实一个公司能走多远,另一个指标也非常关键,那就是客户满意度。那么问题就来了,客户满意度是一个不太好衡量的定性指标,不像销售额、利润率、回款等可以用金额、百分比、时间量化得很直观。同时,客户满意度也不是单纯一个销售人员能够决定的,它还包含了产品质量、交付时限、技术效果等。我想,销售人员是公司的前线战斗员,应该担负起让客户满意的主要责任——全力配合本公司做好产品或服务的交付工作，最快地向客户公司反馈有关情况，遇到问题积极主动协调解决。我相信，你的努力、你的真诚、你的想客户之所想，客户应该都能够感受到。

有些公司专门设置了售后服务部门，特别是电器、仪表等设备类产品，需要对客户有关操作人员进行培训，设备使用一段时间后需要校准调试等。有的公司没有售后服务，比如标准件、原材料、耗材的生产商等。我认为无论是否有售后服务，销售人员都应该具备售后服务意识，因为售后服务是提高客户满意度的重要支撑。

我还是想用一个观点颠覆这段内容的小标题。我在讲课的时候，问过大家一个问题：销售和服务的宗旨是什么？台下的人回答是"让客户满意"。错！是让客户感动。满意是基本的要求，不足以拿来炫耀。客户花钱购买你的产品或服务，就应该让他满意，这是基本要求。只有让客户感动，才是一次成功的销售。让客户感动的方式就是大大超出他的预期。一旦让客户感动，你的好评也就随之而来了。

8. 老客户关系维护

一单业务结束了，并不意味着关系的终止，其实它应该是下一个开始。根据产品或技术服务的特点，有的客户只合作一次，有的会在几年后产生复购，有的则会频繁复购或给你新的业务。即使只合作一次，对方也可能会给你转介绍新客户，因为他毕竟处在你目标客户行业的圈子里。所以，做好老客户关系维护是明智之举，也是长远之举。维护的方式包括节假日的问候或礼品馈赠、邀请到本公司做客等。如果把客户变成了朋友，就会有更多的价值等着你发现。

如何和客户成为朋友呢？和客户成为朋友的最好方法是在工作之外，多多走进他的生活。观察他的个人情绪、情感，留心他的爱好，关注他的个人需求和家庭需求。如果能为他提供情绪价值，与他进行情感互动，或者能为他和他的家人提供生活和事业上的帮助，比如在他个人健康、孩子上学、亲属就业等方面提出建议，或者提供实质性的帮助，就能够建立和增加彼此的友谊。不要虚情假意。只要设身处地真诚相待，用心相处，就一定会成为朋友。

老客户回访量，体现了销售人员与老客户的黏性，可以作为销售人员自我要求或者销售管理考核的一项量化指标。

9. 未来市场预期

通过对以上各个节点和数据的分析，销售管理者和销售人员或许可以对未来的销售情况做出更加理性的评估。这项评估包括客户数量的增长、销售额和利润的增长、开发大客户的可能性等。还有一种可能，当你的客户数量和客户质量同步提升，当你使客户满意度达到极致，当你把老客户关系维护得非常好，实际上你已经突破了瓶颈，进而会在某个时刻实现倍增效应。这是我希望看到的！

10. 市场布局与变化

前面 9 条讲的都是相对微观的。即使第 9 条的未来市场预期，也是在数据基础上进行预判的结果，而这一条则需要销售人员身处微观而思考宏观。市场布局这个概念相对复杂，因为它包含了客户数量、销售额、客户区域分布或行业分布等。不同的公司在不同的时期会采取不同的市场战略。有的公司以市场占有率和市场渗透率为关键目标，那它就关注客户数量和分布；有的公司以效益增长为关键目标，它就关注销售额和利润率；有的公司以品牌打造为关键目标，它就关注重点大客户的成交情况。一名销售人员，离客户最近，离竞争最近，听得见"炮声"，在遵循公司市场战略的同时，要时刻关注和分析客户需求、市场变化、竞争格局，及时向公司反馈信息，以使公司能及时对战略和销售策略做动态调整，使管理者的决策正确和有效。

❖ **我的小故事** ❖

客户满意度助力效率提升

为什么很多公司找我咨询？因为我给出的建议总是能够落地并取得实效。但这一次，却真把我难住了。

第 8 课
销售有哪些重要节点或数据：销售的 10 个关注点

这是一家通用零部件制造公司，其产品属于基础件，应用范围广，几乎涵盖了所有的机械设备、铁路桥梁、车辆船舶等应用场景。这家公司营业收入规模尚可，但是总体利润率低于行业平均水平。他们请我给公司做个诊断。

既然命题是提高利润率，那肯定要往降本增效方面考虑。于是我开始围绕生产管理、成本核算等方面进行调研，与财务主管和生产部门相关人员座谈，从原材料采购到设备效率，从用工支出到动力成本，研究了一段时间，发现他们的制造设备先进、生产流程标准规范、现场管理也非常精细，看上去没什么问题。

这让我陷入深深的焦虑当中，那段时间晚上经常睡不好觉。

有一天，我受邀去某职业学院的创业创新大赛当评委，看到参赛学生展示他们团队设计的一款切土豆的设备。在选手操作设备的过程中，我发现如果从切土豆片调成切土豆条或者土豆块，需要更换模具。而更换模具后设备启动未达到标准转速的时候，刚切出来的土豆形状不太规则。这个发现太重要了!

第二天,我赶紧到那家通用零部件制造公司继续调研。果然,生产部门反馈的信息是客户要的产品规格型号多、单品量少。我开始追根溯源,找到销售部门进行沟通,又有了重要发现:公司的一次性客户较多。好了,问题的原因找到了:一次性客户较多,造成了产品规格型号多,就要经常更换模具,导致模具损耗增加;在更换模具过程中,停机和重新启动会占用时间,从而降低人效,增加电耗;同时在设备启动期废品增加。假设固定客户多,相对来说,产品规格型号就会减少,成本就会大大降低,效率也会提高。

有了这个结论,还要进一步分析:客户为什么会流失?为什么固定客户少?原来,这家公司认为生产销售的是标准化产品,针对客户没有任何服务意识,更别说有什么服务动作了。销售人员的工作无非就是签合同、收款、发货,所以他们的客户大都是过路客,临时急用的从这里采购一些,需求呈现多样化、碎片化。

大家想想,我上面讲的这堂课里,提到了一个关注点：客户满意度。

产品是生硬的，要通过服务为产品注入情感，留住客户，达到长久合作的目的。当然，这个建议已经给了这家公司。希望他们能够通过服务留住客户，通过增加固定客户优化产品结构，进而降低成本，最终提高效益。

第9课 哪些错误认知需要矫正：销售的10个误区

我们今天梳理的是销售工作中或者销售人员存在的一些误区。误区，是不正确的认识或看法。有些观点一看就不太正确；有些观点看上去没问题，实际上存在问题；有些观点在某一个时期算是正确的，在另一个时期却是错误的。认识或看法的偏差，势必导致行为的偏差，会影响结果。我们要追根溯源，把观念性的问题找出来，进行有效的矫正。

1. 唯关系论

不可否认，做销售需要人脉资源和社会关系的支持，针对B端的工业品销售更是如此。说到关系，我们要从两个维度来理解它，一是历史文化，二是现实状况。

中国数千年的封建社会便是一个关系社会，它层级分明、关系复杂，处理社会事务都需要关系人的谋划、铺路、引荐等。到了当代，计划经济末期和市场经济初期，销售人员外出联系业务是比较简单的，全靠一纸介绍信。介绍信是印好的，填上对方单位的名称和己方销售人员的姓名职务，以及需要对接的业务，然后盖上单位公章就生效了。介绍信的格式一般如下图所示。

介 绍 信

兹介绍 _____ 同志等 ___ 人前往你处
联系办理 _____ 事宜。请接洽是荷。
　　此致
　　敬礼

（单位 章）
年 月 日

实事求是地讲，那时候大部分情况下是不需要找关系的。当时处在需求大于供给的年代，因此销售工作非常简单。经济和社会发展到今天，物质丰富，服务花样繁多，很多卖方市场变成了买方市场，通信联系和信息传播手段也发生了巨大的变化，做业务自然也用不上介绍信了。但是问题就来了，随着管理的规范，想进入一家陌生单位就比较麻烦，门口要登记，很多单位还要提前报备，所以，陌生拜访变得难上加难。那就只好提前沟通，才能进入客户公司洽谈。有了中间人的推荐，就能顺利见到管事的人。而且在商务洽谈、技术交流，乃至招投标的过程中，越是规模大的项目，竞争对手就越多，竞争对手的实力越强。在这种情况下，有了中间人的介入，当然对成交会起到至关重要的促进作用。

但是，关系不是全部，更不是唯一。而且在信息越来越透明的今天，单纯靠关系做销售也越来越行不通。

某民营的农业产业化龙头公司要上一批设备，预算在 500 万元左右。当时有一家设备制造公司找到我，让我帮忙联系。我给这家农业公司做过创业辅导，和董事长也是好朋友，于是我就帮了这个忙。董事长安排了具

第9课
哪些错误认知需要矫正：销售的10个误区

体的跟进人员，说只要报价不高于其他参与者的10%，这批设备就让我推荐的公司供应。可是结果出来，这家设备制造公司比其他公司的报价整整高了70万元，项目当然没成。后来我对这家设备制造公司的负责人抱怨说："你们价格报得也太离谱了吧。"

还有个例子，一个做矿山配件销售的人，他舅舅是某客户单位的采购部门负责人，他多年来一直给这个单位送配件。有一次这个客户单位设备突发故障，抢修期间，让他紧急采购一批特种配件。但是他盯得不紧，急用的配件一直没到货，延误了客户单位维修。结果，客户单位的采购部门被通报扣分，具体负责的采购人员也被扣了工资。他的配件销售公司被客户单位拉入黑名单，他从此失去了这个稳定的客户。业务第一，出了问题，谁也没有用。

讲这两个案例是什么意思呢？把事情做好最重要。作为客户，民企考虑的可能是效果、价格、效率、服务，国企可能考虑的是品牌、效率、效果、价格。作为销售人员，在为客户服务的过程中，要秉持专业精神，做好每一项工作。协调好产品或技术供给的进度，关注质量，处理好与客户的具体使用部门和基层员工的关系。不能因为其他外部因素，疏忽了业务的实质内容；更不能扛着与客户领导有关系的大旗，让基层有关人员产生抵触心理。

说到底，没有好产品、好品牌、好技术、好服务的关系，一定是脆弱的。合作需要用专业、人品、服务、情感来维系和升级。

2. 销售就是单兵作战

从表面上看，工业品销售是单兵作战。前期的拜访、沟通到签单，过程中的催款，末端的清欠，还有接下来的关系维护，似乎都是由销售人员一个人完成的。大部分中小公司在同一区域市场或者同一行业市场都设置一个销售岗位，也有部分公司采取小组制，每个小组两人，一主一次，相互配合。即使在这种架构下，销售人员仍然会认为销售是以小组为单位的单兵作战。

从赞赏的角度上，我们可以说销售人员"功不可没",但是实际上某一销售业务的成交及产品或服务的顺利交付,一定是各种因素在共同发生作用。客户需求端我们不讲,就说自己所在公司的因素至少包括:公司的品牌和行业影响力、产品或项目的技术优势、供给的适配性、技术沟通的效果、生产质量和进度的把控等。也就是说,涉及的市场推广、采购、技术或工程、财务等相关人员都是参与者。大型公司或规范化公司,一般会设置售前和售后两个独立岗位,售前就是工业公司里的"资料员",职责主要是提供线索信息和图册、资质、业绩、招投标资料等。售后主要是在提供产品后或项目后期为客户提供售后服务。从本质上讲,这两个岗位都是配合销售的工作。

有一个销售人员业绩出色,开始骄傲自大。他向公司提出了一些超常规的条件,没有得到答复,于是跳槽了。本来觉得自己手里有一些客户资源,结果在新公司却没干出想要的成绩。这就是错把平台支持当成个人能力的典型案例。一个销售人员的成功,除了自身条件和努力程度之外,还有相当一部分是因为所在公司这个平台所拥有的资质、业绩案例、品牌影响力、行业资源等。优秀的销售人员，在优秀的平台上，才能创造出最辉煌的战绩。

一家钢结构公司在某市深耕三十多年。它的创始人、董事长已经年过六旬，因为一贯为人低调诚恳，所以与地方政府和企业界相处比较融洽，在当地有些声望。这家公司的主要目标客户，就是工业公司。工业公司扩建、改建、新上项目，基本上都有钢结构厂房的建设需求。很多时候，他们公司的销售人员去谈业务，对方负责人会说"我和你们老板很熟"。业务做成了，当然得益于销售人员具体的跟踪操作，但这里面也有相当一部分因素是这位董事长的个人影响力在背后发挥作用。

我讲这些内容，不是否定销售人员的功劳，而是否定"单兵作战"这种错误认知。如果将销售人员比作前线战斗员，那么他的后方还有负责弹药生产、物资补给、医疗救护等工作的战友。所以说，销售工作是协同作战，取得的业绩是众志成城的结果。基于这种观点，销售人员要和其他部门互相理解、支持、配合，才能大获全胜。

3. 我分到的市场（客户）不好

我曾到一家公司做员工访谈。访谈是一对一的，我不带助理，公司的管理层也不参加，所以能听到员工更真实的想法。其中，我和一名销售人员交流的时候，他抱怨道："我分到的区域市场不好，也没有客户基础，我觉得不公平！"

他说的这种情况在销售管理中是个普遍问题。工业销售一般分为三种销售形式，即区域销售、行业销售、线上销售。区域销售就是让你负责某个地区或某个大区域的销售工作；行业销售，是公司产品的目标客户涉及多个行业，销售业务按照行业来划分，比如有的负责电力行业，有的负责建筑行业；线上销售是通过电商平台开展销售活动的。说实话，在销售任务分配中，没有绝对公平。好的区域、差的区域，好的行业、差的行业，总得有人来负责。我们可以换一种方式去思考这个问题：所谓不好的区域、不好的行业，现有客户少、基础业绩少，反而意味着竞争对手少、业绩提升空间大。突破天花板固然很难，但从地板上升到天花板呢？保持乐观和坚定信心很重要。如果不停抱怨，处在消极的情绪中，个人的主观能动性就会被遏制。

4. B2B 销售不适合做互联网推广

有一种观点认为，就个人运营来说，互联网推广只适合 B2C 的业务，也就是面向终端个人消费者的生活用品等。这个观点对不对呢？B2C 面对个体，而 B2B 面对组织。个体的消费决策和实施过程比较简单，组织的购买决策与实施相对复杂，它包含了组织内部的需求、意向、预算、审批权限以及供需双方的商务、技术等多方面的因素，相比个体而言，购买数量和金额较大，程序更烦琐。我认为，互联网推广虽然更适合 B2C 业务，但仍不失为 B2B 业务的一种有效的推广和引流方式。在当今短视频时代，成功案例不少，江苏某工业公司一位网红老板最为典型。他的短视频账号全面布局抖音、微信视频号、快手、小红书等多个平台，讲述创业心得与管理故事，粉丝达到 500 多万。他有三部作品全平台播放超过 1 亿次，五部作品全平台播放超过千万次。据说，在他视频账号的私信里，每天接到数十条与业务相关的信息，他成了公司最大的品牌推广人员和销售人员。

也许有人说，那是集公司之力做的账号，有专门的策划、文案、拍摄、剪辑团队，这些都不是一个销售人员能独立完成的。我也留意过某公司一位销售部门的副经理自己做的账号，视频里展现的是他所到的客户公司的施工和服务现场，就是这么一个简单的记录配上音乐，他坚持输出内容。现在每条视频下方都会有几十条留言，其中有不少是对接业务的。

当然，今天的流量在短视频领域，而未来可能变成AI，或者是更新奇的领域。销售人员要紧跟时代的节拍，做新平台、新工具的尝试者，做新模式的探索者，始终走在时代前列。

5. 销售就是向客户妥协

工业品销售中的商务谈判环节非常重要。既要考虑本公司的供给能力和利益，又要考虑客户的接受度。客户接受度综合了产品性能、时效、价格和付款方式等多个方面。我经常讲，谈判就像调收音机，把旋钮调到最合适的位置，收音效果才能恰到好处。有的销售人员说，最终的成功就是向客户妥协，这其实是个误区。我认为是双方的互相妥协。有的销售人员急于拿下合同，谈判初期就把己方条件降到底，而客户一旦再提新条件，就把他逼到墙角了。做吧，无利可图，或者无法确保交工（交货）；不做吧，又非常可惜。左右为难，进退维谷。我的建议是：预先设置底线，不要暴露底线；不要急于妥协；不要一步到底；用妥协换条件，变不利为有利。比如："好，我们同意把价格降到最低，但是需要贵公司把付款期提前。"

6. 销售就是短、平、快

有人认为销售就是短、平、快。没错，我们追求的是"速战速决""迅速拿下"，但那都是极少数的。其实大部分业务的完成是漫长和曲折的。销售人员必须有足够的耐心和耐力，要以顽强的心态面对挫折。就像一幅漫画，一个人在地道里往前挖，寻找金矿，挖了很深，最后他却放弃了，但是我们从切面图上看到，他和金矿之间只有一墙之隔，金矿就在那堵墙后面。在最艰难的时刻，当我们想放弃的时候，往往再坚持一下就成功了。

相对来说，开发小客户会省时省力，但是20%的客户会带来80%的收益，这是工业品销售的二八法则。大客户成交难度大，同样采购量也大；小客户成交难度小，但是采购量也小。很多公司的销售管理者强调"抓大不放小"，但是在现实中销售人员精力有限，很难做到。我认为这得看具体的产品和市场竞争情况，还要匹配公司的市场开发战略。一般而言，我个人认为刚入行的销售人员，应该以小客户为主，由易到难，积累经验。有了一定的客户基础之后，可以把重心转移到开发大客户上。而且，销售人员要有成本意识，这里讲的成本不仅是公司产品和项目的成本，还有个人成本，包括公司给你的业务预算和你的时间成本。

7. 签完合同就万事大吉了

签合同代表着成交,销售人员总算是松了口气。但是,这个节点并不意味着你的销售工作全部完成,接下来还有很多服务工作需要做。开具发票,联系客户按期付款;跟踪产品交付情况(或者项目施工进展);协助本公司技术人员与客户进行沟通交流;向本公司领导或者客户反馈情况;继续维护客户关系等。有长远眼光的销售人员应该持续关注整个产品供给或项目实施的情况,因为它不仅是公司的一个业绩,对你个人来讲也是积累一个新的案例。销售人员需要一个个完美的成功案例,而不是败笔。成功案例有可能给你带来客户后续给你的新业务、客户人员为你转介绍的新业务。

8. 销售就是套路

当下有一些所谓的商业策划者或者销售团队负责人,研究出各种套路、陷阱,希望客户"中招",并称之为"营销创新""商业模式创新"。他们自以为是地视客户为"猎物",实则让销售人员与客户成了对立关系。对此,我无法认同。

没错,我给大家讲工业品销售课程的时候,其中也涉及研究客户心理、梳理销售话术、设计销售场景等方面的内容,但是和"忽悠"在本质上不同的是我所坚持的销售者立场。我之前出版的《购买全程》是针对C端营销的图书,今天针对B端销售它仍然代表了我的基本观点——真正绝妙的营销,一定是在清晰洞察客户心理和行为变化的基础上而做出的顺应、契合、协助、给予的行为,从而大大增加成功销售的可能性。

"顺应、契合、协助、给予",而不是"欺骗、下套、算计、忽悠"。好的销售不是把差的产品卖给某个客户,而是把好的产品卖给更多的客户,为客户提供方案、解决问题。

9. 只能做一辈子销售

一位四十多岁的机床销售代表和我聊天。他问我一个问题:"我做了一辈子销售,现在逐渐感到精力不济,可是我也不会做别的工作,难道只能做一辈子销售吗?"他说的这个问题,涉及销售人员的职业规划。

第一条路径,是"做一辈子销售"。我去过那么多企业,当然也见过不少做了一辈子销售的人。浙江的一位老大哥,还有两年退休,公司给他调岗他还不乐意呢。为什么?因为他做了几十年销售,已经顺手了,资源稳定、收入可观。他和客户打了几十年交道,这些人都成了他的"至爱亲朋"。平时不怎么出差的他,也就是每年去他的片区东北三省、天津、河北等地转这么一圈,和老客户、老朋友们见见面、喝喝酒。如果有业务的时候,打打电话、传传合同就搞定了。这是一种类型。

那么再说第二条路径,是从销售代表到区域经理,到销售部长,再到销售总监、副总经理,甚至是总经理,这样一个以销售为主线的职业发展轨迹。如果你想走这条路径,就需要你在做好销售工作、拿出显著业绩的同时,还要学习和研究管理。这里的管理,我指的是

第 9 课
哪些错误认知需要矫正：销售的 10 个误区

销售管理。销售人员是自己工作，销售管理是让别人去工作；销售是做人做事，销售管理是管人管事。总之，管理有着更加复杂的体系。王阳明强调人生要立志。有了志向，再围绕这个志向去规划人生和职业，才能让努力不白费。

第三条路径，就是自己当老板。销售出身当老板的例子不胜枚举。觉得自己有实力了，可以给老东家做代理，也可以自己开公司。所以企业现在组织学习，花钱请老师给员工做培训，大家一定要珍惜。因为无论你选择哪条路径，当下的学习都不单纯是给公司学习的，而是为了自己的成长学习，为了让自己变得更"值钱"。

第四条路径是当老师做咨询，指导销售新人开疆拓土。有些销售人员不仅做业务是好手，而且善于学习和总结。到了一定的年龄，也可以往销售培训和咨询方面转型。从实践反向学习销售理论，梳理自己亲身经历的销售案例，形成自己的一套方法论，给公司销售团队做好传、帮、带，既能实现个人价值，又能获得丰厚回报。

10. 谈钱就是价值观有问题

我在很多场合讲过企业价值观的重要性。企业价值观是企业的价值取向、是非判断，通俗地讲就是明确什么是对的、什么是错的、应该做什么、不应该做什么。所有员工都应该践行企业确立的价值观，当然也包括销售人员。我们会发现很多企业的价值观里一般都包含着"奉献""付出"之类的表述。那么问题就来了——销售人员除了基本薪资之外，大部分收入是业绩提成，而且在这个小型组织（销售团队）当中，都是以业绩为导向进行评价的。对按照团队业绩排出来的销售冠军，其实同事们更关注他的个人收入。我们会听到大家议论："李四厉害，今年收入过百万了。"很多时候，管理者也会把"让销售人员赚更多的钱"作为一种团队激励口号。

销售人员必须聚焦经营业绩和个人收入增长，和企业价值观倡导的"奉献""付出"不就冲突了吗？其实两者并不矛盾。做销售，直率地追求利益，我看没问题，但不择手段、唯利是图是不可取的。它需要一个围栏。这个围栏是由法律法规、组织制度和价值观共同构成的。

第9课
哪些错误认知需要矫正：销售的10个误区

销售人员有了正确价值观的支撑，就会理解如何更好地做人做事，通过自己的努力来提升业绩，为企业做出更大的贡献，个人也会获得更多的收益。赚了钱之后，可以拿获取的财富去孝敬老人、培养下一代，改善和提高家庭生活品质。

如果没有正确的价值观，销售人员可能就会投机钻营、坑蒙拐骗，甚至损害公司的声誉或利益。这样的方式走不长远，而且等于在埋"地雷"，随时有发生爆炸的风险。即使获得了一些利益，也可能把这些钱用于挥霍，毫无节制，甚至造成生活上的混乱。

❖ 我的小故事 ❖

一次关于价值观的争论

有一家生产包装材料的公司成立十周年，公司秦总请我去给他们梳理一下企业文化，计划编印一本企业文化手册。企业文化手册是公司一整套的文化理念与规范，编制企业文化手册需要做大量的调研访谈、归纳整理、优化提炼工作，需要经过一个复杂的工作过程。

我开始组织员工代表访谈。在访谈中，我了解到公司依靠几家大客户，虽然每年都实现了业绩增长，但是管理中存在很多问题，企业文化严重缺失，人心不齐，员工之间钩心斗角。围绕增强向心力、凝聚力、团结意识、协作意识，引导企业从野蛮生长向规范化管理转变这个目标，我给企业设计了详细的企业文化系统，包括使命、愿景、价值观、员工行为规范等。

系统资料的样本出来之后，我和秦总做了交流，并重点强调要通过价值观的落地，统一大家的思想，进而统一大家的行动。

他看过样本之后，感到很满意，表示马上安排综合部把核心的内容印制出来，悬挂上墙，并自信满满地说："好了，这样就完工了！"

对此我极不赞成。我说："价值观确定了，挂在墙上仅仅是一句口号，关键要践行。有很长的路要走呢！"

秦总却不以为然："企业文化、价值观其实都是虚头巴脑的东西。不过我要这些东西是有用的，就是为了当作我讲话、谈话时的说辞。我就是要强硬往下推，往人脑子里灌，不听就处理人。"

为此，我们俩发生了激烈的争执。

后来冷静下来，我把访谈中员工的意见、情绪，把公司存在的管理问题，把对未来生产经营中存在的风险的预判，全盘反馈给了秦总。

随后我给他详细讲述了价值观落地的基本动作：价值观文化宣传上墙—内部宣讲阐释价值观—领导带头践行—团队效仿践行—围绕价值观表彰先进—形成价值观共识。

秦总听完茅塞顿开，说："我原以为价值观就是说说、讲讲，现在看来是身体力行做出来的啊。我明白了。"

几年之后，我再次探访这家公司，发现员工的精神面貌有了较大改观，公司风气明显好转，管理也变得规范起来。秦总笑着说："看来，价值观用不好就是虚头巴脑，用好了就是灵丹妙药。"

第10课 销售有哪些常见的困惑：
销售的10个典型问题

每次我为销售的小伙伴们讲完课的时候，总会留点儿互动时间。小伙伴们提出各种各样的销售问题，我现场给予解答。在我的视频账号里，也经常有粉丝通过私信提出一些销售问题。爱因斯坦曾经说过："提出一个问题往往比解决一个问题更重要。"我也一直认为，能够提出好问题是一种能力。这些年在走访调研和授课的时候，我收集了不少问题。在本章，我梳理出了销售活动中具有普遍性、代表性的10个问题并给予解答，供大家参考。

1. 如何解决商务洽谈中身份不对等的问题？

答：销售人员本质上是乙方基层员工，而客户公司决策群体里可能有主任、部门经理，或者总监，甚至是总经理。在商务洽谈和对接的过程中，首先不要自卑，即使你是基层员工，你的销售身份也是代表公司的，公司对公司，就是对等的。其次，在洽谈的关键节点，比如客户公司高级别的领导约见，那就说明你的产品"有戏"，你可以邀请你的部门负责人或公司其他领导出面推动，一方面解决身份对等问题，表达对客户方的重视，另一方面还增加了依靠本公司领导让渡资源、拍板决策的可能。有一个方法很多公司也在用，那就是给所有销售人员都"封"个职务，什么区域总、行业总、部长等。在公司里是销售人员，出去就是"官"，便于业务对接。当然，这个方法的实行需要销售管理者来决定。

2. 遇到专业能力很强的客户怎么办？

答：你说的这个专业能力大概有两个方面，一个是商务谈判能力,另一个是技术水平。遇到专业能力很强的"大咖",首先不要因为胆怯而影响你的信心;其次要以谦虚的心态向人家学习,而且这种真诚求教的姿态,更容易让对方产生专业上的优越感。知之为知之,不知为不知。在高手面前,不要试图"弄巧",因为可能"成拙"。

3. 遇到爱挑刺儿的客户怎么办?

答:爱挑刺儿的客户可能有四种情况。第一,他就是爱挑刺儿的人,就是这种性格,不是仅仅针对你;第二,他希望和你成交,因此希望你做得更好,更符合他的要求;第三,他希望和你成交,但是也想卖给你人情,言外之意是,你们有这么多问题,最终还是选择了你们,你要懂得感恩;第四,他根本不打算和你成交,或者他更倾向于和你的友商成交,所以故意挑你的刺儿,让你知难而退。到底属于哪一种,就得具体分析了。前三种还好说,如果是第四种,需要你多多用心,努力转变他的倾向。

4. 客户拿你和竞争对手作比较,如何应对?

答:销售就是博弈,和竞争对手博弈,和客户也要博弈。客户拿你和竞争对手比较,是再正常不过的事了。即使客户不说出来,他也会在心里做比较。这个时候,如果你在客户面前贬低和攻击竞争对手,反而会让客户感觉你格局太小。我认为,首先要表示尊重竞争对手,并顺着客户的说辞表示赞同;其次巧妙地阐述你和对手之间的差异(这个差异应该是你们的核心竞争力);最后表示如果成交,当然是依赖客户的特别关照,你将非常感恩。这样做的前提是你要对竞争者的优势劣势有充分了解和分析。

5. 被客户明确拒绝怎么办?

答:我在关于客户心理的研究中发现,每个人或多或少都存在着"销售抗性",即对销售人员在内心中的防范和抵触,即便本来他存在对该产品或服务的实际需求。你在说服,他肯定也知道你在说服,而他即刻同意就意味着承认被说服。所以，拒绝便是一种本能反应。

稻盛和夫说："销售工作从被拒绝开始。"再优秀的销售人员，都有过被拒绝的时候，关键是要保持良好的心态。什么是良好的心态呢？不害怕被拒绝；不因被拒绝而自卑；即使被拒绝也不影响情绪，不轻言放弃。从心理学角度来讲，哪怕是理所当然，一个人拒绝另一个人之后，也会产生不易觉察的亏欠感。所以，当你被他明确拒绝的时候，不要流露出任何负面情绪，反而要表现出对他的理解，继续给予他尊重。你越是这样，他的亏欠感越会加重。在适当的时候，换一种角度，换一个切入点，继续与他沟通产品或服务，提出你的想法。也许他会因为那种微妙的亏欠感，重新审视你这个人以及你的产品或服务。还有一种可能，就是你坚持不懈的拜访、沟通、推销打动了他。

如果通过各种努力，最后还是没有成交，也不必懊恼。我觉得，成交也是需要缘分的。缘分不到，就继续修炼。

6. 如何向客户推销新产品（新技术）？

答：从本质上讲，人是不喜欢变化的，而是喜欢按部就班、延续习惯，不需要消耗脑力和精力，不需要承担创新带来的失败风险。对客户的采购决策群体和具体执行人来说，尝试使用新产品（新技术）就意味着责任风险。因此，无论你如何信誓旦旦地保证新产品（新技术）的有效性和稳定性，无论你向他展示什么样的发明专利证书，无论你拿出多么详细的试验和检测数据，都很难完全打消他的顾虑。那怎么办？我们换一种角度去思考，其实客户的这些具体的人，同时承受着自身的管理压力，这种压力促使他们寻找更好的产品或技术，显然这对于他们来说是矛盾的。所以你要明确你的新产品（新技术）能满足他们的哪些需求，比如大幅提高生产效率、显著降低成本，或者能明显提升安全、环保性能。围绕这些需求进行推荐、说服，让他意识到，你的成功也意味着他的成功。同时，可以采取产品试用的方式降低他的责任风险，或者合作开展科研项目，以促进他的决策。

7. 客户拖延付款，该怎么催收？

答：与客户签了合同，保质保量交付了产品，或者是工程项目达到了约定的进度，但客户以种种理由拖延付款，其实是销售中常见的事儿。不催款肯定不行，催急了又怕客户生气影响了关系，这让销售人员左右为难。我认为还是要积极和客户进行沟通，了解拖延付款的真正原因。这里面需要评估客户是临时性拖延、习惯性延付还是恶意拖欠。

如果是客户公司付款流程问题，那就请求客户经办人跟紧流程；如果是客户公司临时出现资金周转问题，那就要共同协商拿出付款方案。这两种都属于临时性拖延。而习惯性延付本质上是组织的一种运行规则，很多客户公司都存在，应付而未付的货款临时挤占了供应商的钱，从财务方面考虑就是没有成本的资金，如果供应商比较多，就是不小的资金数额，而这些资金本可以用于生产经营，这是一种从组织利益考虑的惯性，一般也是多年约定俗成的。这种习惯性延付倒也没有多少风险，它意味着拖延付款，而不是不付。恶意拖欠性质就不同了,他就是不想付给你。对于恶意拖欠,要及时向客户申明诉求,而且要保留催款证据,比如催款微信记录、催款文书、年度对账记录、电子邮件催款通知等,必要时可请求本公司对其进行法律诉讼。为什么要保留催款证据?因为《中华人民共和国民法典》关于诉讼时效有这样的规定,"向人民法院请求保护民事权利的诉讼时效期间为三年""当事人约定同一债务分期履行的,诉讼时效期间自最后一期履行期限届满之日起计算"。

要保障及时回款,销售人员须充分了解客户的付款流程。在销售过程中,前期对接的是客户采购决策层,而在回款事项上,对接的是执行层。执行层一般包括采购部门、使用部门、仓储部门、财务部门等。客户方常见的付款流程是:产品验收入库(或项目验收)—提报付款计划—发票合规审查—按权限审签—付款。在验收入库阶段,验收的单位(采购部门参与,使用部门或仓储部门主导)很重要。验收完成后,财务部门就成了最关键的部门,它负责处理付款流程,而且很多时候能够在一定权限内自主决定一件事:优先或延后付款。客户公司的钱不会在账面上停滞，而是不断流动的。若干个应付款项的手续审批完了，放在财务部门，财务部门一般对付款有排序的权力，也就是有权决定先付哪家、后付哪家。如果客户公司资金紧张，它也有可能付给你承兑汇票。而承兑汇票变现可能需要三个月或半年时间，这就意味着你的实际到账日会延迟。从这个通用的付款流程中，你就会知道销售人员在完成签单之后，重点工作对象要从客户决策层向执行层转移，加强联系、加强沟通，以求客户如期验收、优先付款。

8. 什么样的客户要果断放弃？

答：虽然找个客户不容易，但是做销售的也要懂得取舍。一旦发现客户公司存在下述情况，建议果断放弃：从事非法生产经营或者走打"擦边球"路线；管理混乱；资金状况不良；诉讼纠纷较多；有钱但信用不好、口碑不好；裙带关系复杂、贪腐现象严重；存在其他重大隐患。有的是你已经发现了它目前有问题的，有的是你从当下的现象可以预判它早晚会出问题的。放弃是为了规避现实风险和潜在风险，这样的客户，即使你费心费力把业务做成了，接下来也会出现很多问题，带来很多麻烦，甚至会把你们公司拉入泥潭，越陷越深。

9. 如何识别客户决策群体的需求和决策参与者？

答：客户公司产生需求后，相应的任务会交给某个群体去落实，组织需求就变成了这个群体的需求。这个群体由决策群体、执行群体等共同组成。人在职责范围内亟待解决的需求，也会让人产生持续的压力，如焦虑和不安的情绪、任务进度压力、绩效压力等。直到这个任务完成，压力才会得到释放，情绪得到缓解。作为销售人员，要理解客户——这个项目做不成，你可以继续找客户，而客户公司中的这些相关人员，要继续把这个项目推进下去直到完成，所以他们更关心成败。有些重大任务（如大项目、重点项目、创新性项目）的完成情况，甚至会决定这个群体中某些人的奖金、荣誉（个人评优）、升迁（职位调整）。显而易见，你要努力帮助他们立功、成功。

那么如何识别客户决策群体的参与者呢？有些单一的、常用的、标准化的、价格透明而且总金额不大的物资，决策相对简单，客户公司的采购专员或部门经理就能决定。一般而言，采购金额越大、技术难度越高，其决策程序越复杂，参与者也就越多。技术难度高的项目或产品，意味着更需要依赖专业技术人员做出专业判断，这时客户决策群体中的技术专家就最有话语权，比如参与采购的工程师、技术部长或生产部长；参与决策的高层管理者可能更多地关注价格、预算以及供应商的实力和行业影响力。

10. 供应商和客户本质上是矛盾和对立的，销售人员如何处理这种矛盾？

答：供应商想用最低的成本、最高的效率，实现最大的收益；客户想用最小的代价、最高的效率，获得最好的产品或服务——双方看上去是对立的，存在着一定的博弈。但是双方都需要最高的效率，都需要验证产品和服务，关键点是统一的。你给机床公司供应为机床配套的电动机，机床公司用你的电动机制造机床，目的都是制造机床；你提供的节能产品是为了给客户节约用水，客户采购你的节能产品也是为了节约用水，目的也是一致的。销售人员，其实更像中间人，是把供采双方联系在一起的纽带，关注双方的诉求，协调双方的利益，最终达到平衡，成就双方的互利共赢。由此可见，顶级的销售高手会让客户产生一种感觉：你是和客户站在一起的，与客户共同思考、共同行动，共同完成使命。

❖ 我的小故事 ❖

营销那些事儿

十堂课讲完了，在附录里，我会简要阐述营销之道。为了让大家更好地理解营销和销售的区别，今天我就给伙伴们讲一些营销的案例。这些案例都是我一手策划并指导实施的，有工业品领域的，也有房地产、农业产业的。我希望借助这些案例，进一步打开大家的思维，点燃创新的灵感。

案例1：客户分级管理

2010年，一家做机电产品的公司请我帮忙。因为这家公司成立时间很长了，积累的客户多且杂，而公司的业务预算和销售人员数量有限，资源分散，导致销售效率低下，而且不断出现货款纠纷，他们想让我提出能够增效并把控风险的营销思路。我查看了他们的客户资料，这些资料用A4纸打印出来足足有上百页。我教给他们一种方法，把客户分级：单次采购量大、采购频次高、付款信誉好的，为A级；单次采购量大、采购频次低、付款信誉好的，为B级；单次采购量小、采购频次高、付款信誉好的，为C级；单次采购量小、采购频次低、付款信誉好的，为D级；单次采购量小、采购频次高、付款信誉一般的，为E级；单次采购量大、采购频次低、付款信誉一般的，为F级；单次采购量小、采购频次低、付款信誉一般的，为G级。他们集中组织人员调取商务合同和历史数据，逐个分析，用一周多的时间就完成了客户分级，并制成分级表。看了分级表，我建议公司把50%的资源用到A级和B级客户，把30%的资源用到C级和D级客户，20%的资源谨慎投入E级和 F 级客户并对其进行动态评估，彻底放弃 G 级客户。经过一年半的实施，这家公司的销售效率和成果有了显著提高，而且回款风险大大降低。

案例 2：一个小区一座城

2014 年，某县级市房地产开发公司做了一个大项目：新楼盘住宅面积 200 万平方米，商业面积 30 万平方米。当时住宅销售还不错，但由于是新楼盘，商铺销售并不乐观。他们找了一家知名的房地产营销策划机构，这家机构给项目商业做了一个定位——"离火车站商圈仅 5 分钟车程"。其本意是想表达该楼盘离老商圈不远，将来也会很繁华。按照这个定位，他们做了大量的宣传推广，效果并不明显，于是这家房地产公司的负责人就找到了我。我直言不讳："你本来是推广自己项目的商业价值，结果替火车站商圈做了广告。"我给这个项目重新定位——"6 万人居社区，一个新商圈的诞生"。该楼盘住宅面积共 200 万平方米，按照户均 100 平方米面积计算，每户三口人（那时候全面两孩政策还没有实行），大概就是 6 万人。6 万人的衣食住行，对于经营者来说就是商机。所以，到这里买商铺、做生意，没问题！定位，就是项目诉求。按照这个诉求，我又指导他们做了具体的运营方案：针对商铺多而分散的问题，划出核心商圈并优先打造；引进主力店、形象店造势以扩大影响力；成立企业商家俱乐部，设立小微创业公益帮扶平台，扶持区域内的商业项目；推出对外租赁第一年免租金、次年租金半价的优惠政策，及带租金卖商铺；等等。经过一系列营销工作的开展，终于打造出新的商圈，加快了该项目商业产品的去化进程。

案例 3：地方农业企业登上新闻联播

县域的一家农业企业，以中央厨房为基础探索农村第一、第二、第三产业融合发展的路径，是山东省的典范企业。2016 年，为了推广典范企业，北京某出版社约我总结梳理这个案例。在深度调研的基础上，我又查阅了大量的政策文件，形成了 10 万字的案例材料。在这个案例中，我总结出了"生产基地＋中央厨房＋餐饮"的创新商业模式。2017 年，《中共中央 国务院关于深入推进农业供给侧结构性改革 加快培育农业农村发展

第 10 课
销售有哪些常见的困惑：销售的 10 个典型问题

新动能的若干意见》发布，该文件提出要大力推广"生产基地＋中央厨房＋餐饮门店""生产基地＋加工企业＋商超销售"等产销模式。我在案例中提出的创新商业模式与该文件中的提法正好吻合。本来这家企业的基础工作就做得很扎实，案例研究又对应了政策要点，2018 年 6 月 13 日中央电视台《新闻联播》在重要位置，以近 4 分钟的时长，播放了山东省打造乡村振兴齐鲁样板的经验报道，其中主要内容就是展现这家企业的商业模式创新。

附录 用客户的头脑来思考：
"购买七单元"理论在工业品营销中的应用

我的理解：销售重术，营销重道。

以上10课都是在讲工业品销售，有基础知识，有基本技巧，大概都属于术的层面。术，简便易学，操作方便，但想要融会贯通，想要找到内在逻辑和规律，还是要研究道。那么在本书的附录，我就和伙伴们聊聊营销之道。不过，营销是一个系统，单靠销售人员是很难完成的。它需要企业高层来确立营销战略，围绕这个战略，销售协同研发、技术、市场、信息、企划等多部门，按照职责协作配合进行营销。

用客户的头脑来思考:"购买七单元"理论在工业品营销中的应用

在这部分内容中,其实重要的目的是启发销售人员换位思考。我在给很多企业负责人做的培训中,曾经用一个"彪悍"的主题来讲营销:把营销者的脑袋"砍掉","换成"客户的头脑思考!

2014年,我在营销界首次提出了"购买七单元"营销理论框架,把消费者购买产品的全过程,拆分成了七个步骤:需求产生、关注、定位、考察、沉淀、深化、决策。这七个步骤,其实就是购买行为的基本模型。作为产品或服务提供者,当你清晰地看到这七个单元中消费者的心理和行为变化,你就会发现这里面有很多的营销机会。

当时提出这个想法,是基于对大量C端消费者样本的研究,所以我在《购买全程》那本书中,将消费者购买房产的案例作为全书的主线,中间也穿插了一些购买汽车、日用消费品的小故事。除了对线下购买行为和心理的研究与探讨,我还对线上购买行为和心理进行了研究,并确定"购买七单元"同样适用于线上购物。那么,今天我们可以讨论一下:"购买七单元"是否适用于 B2B 销售？

我们用一个实际发生的案例把工业品采购的过程梳理一下，并试图对应"购买七单元"模型，来看看匹配度如何。

案例中的采购方——某建材集团公司旗下的一家水泥生产企业，以下简称"甲公司"。

（1）甲公司年产水泥 150 万吨，工业用水量比较大，存在的主要问题是循环水系统设备的结垢和腐蚀，同时政府环保部门对废水排放也有严格的监管要求。甲公司高层从环保政策和节能增效两个方面考虑，计划对循环水系统实施技术改造。(**需求产生**)

（2）甲公司成立了项目组，由副总工程师牵头，采购部、技术部和实际应用单位余热电站共同参与。项目组成员兵分两路：一路是余热电站人员，到实施过类似技术改造的集团所辖其他水泥生产企业学习参观；另一路是技术部和采购部有关人员，通过网络搜索相关技术信息，到工业设计院和高校科研机构进行咨询，并与安

徽、山东、河北等地部分供给企业（节能环保公司）取得了联系。（关注）

（3）基于一个阶段的咨询调研，甲公司项目组经过分析论证，以技术部为主形成了初步意见，认为可以采用电化学与超声波联合阻垢的技术解决节能和环保问题，并预估了大概的预算，报请公司高层研究确定了这个基本方向。（定位）

（4）甲公司技术部、采购部、余热电站协作，与部分节能环保企业联系，邀请这些企业安排商务人员和技术人员到甲公司现场勘查，进行商务和技术交流。同时从这些参与交流的企业里，挑选出甲公司认为匹配度较高的五家企业，分别到这些企业进行了现场考察。考察的内容包括该企业的技术水平、实力和资质、团队情况、企业形象等。在考察过程中，其中山东某节能环保科技有限公司还特意邀请考察组到鲁南高科技化工园区里的一家企业，现场参观调研已经投入运行的电化学与超声波联合阻垢设备。（考察）

（5）甲公司相关人员开始对考察内容进行总结，因为信息比较多，需要一个分析消化的过程，副总工程师召集参与的三个部门共同对信息进行讨论研判，形成了统一的观点，拟确定三家企业作为候选的产品技术供应商。（沉淀）

（6）甲公司项目组开始撰写调研报告，在这个过程中分别和三家候选企业进行一些深度的沟通，涉及工艺、进度、价格以及更详细的数据等。报告形成后向高层领导做了汇报，等待公司"上会"研究。所谓上会，就是甲公司总经理、副总经理、总工程师等高层领导在会议上听取项目组的汇报，并形成基本指导意见。指导意见包含最终的技术成果预期、价格区间、项目完成时间等，这些信息可能指向具体的某个供应商。（深化）

（7）这个项目包含产品和技术服务，总的预算在100万元以下。按照集团的规定，预算100万元以下的单体项目可不采取招投标方式。项目组依据高层会议的指导意见，和山东某节能环保科技有限公司再次进行了技术和商务谈判，在技术选择、工艺要求、预期指标、工期、价格及付款方式等方面达成了一致，最终确定其

用客户的头脑来思考："购买七单元"理论在工业品营销中的应用

作为产品和技术供应商。这也是我们常说的"议标"。假如山东的这家公司最终的谈判条件超过了甲公司高层会议指导意见所设的条件，那么项目组有可能找第二家候选企业进行谈判。（**决策**）

通过这个完整的案例，我们可以看出一家企业客户的工业品或技术服务采购的基本步骤，与需求产生、关注、定位、考察、沉淀、深化、决策七单元是基本匹配的。唯独第六步与第七步有一些交叉，需要予以说明。在第六步"深化"的步骤中，其实项目组及决策层已经有了明显的意向，那是不是意味着就已经决策了呢？事实上，这个决策是方向性决策，因为甲公司无法确定候选企业是否能够完全接受会议形成的指导意见。如果是采取招投标方式，这种不确定性还会加大。也就是说，只有在议标时候选企业完全答应甲公司的条件，或它在投标时能够获得最高评分，才有成交的可能，这就意味着这个决策需要在最后一步完成。

我们梳理了客户方的采购过程，这对于供给方来说有很多营销机会。比如对应需求产生做好产品研发和试用，对应关注进行品牌推广或产品宣传，对应定位设计产品档次和价格区间，对应考察配合客户做好勘查，对应沉淀做好优势性说服和持续沟通，对应深化给出更多的细节资料和数据，对应决策做好动态判断和最终调整。

我想再进一步地给伙伴们讲一讲如何去对应"购买七单元"。

产品或技术供应商，要围绕市场和客户需求进行研发。围绕需求，有三个层次。第一个层次是基本需求，它们是目前客户的痛点，你的产品或服务需要解决它目前存在的问题。这个层次的竞争对手会比较多，因为客户这些痛点是已经存在的，是显性的，你的友商也会观察到这些需求，那么在这个层次的竞争也是同质化的，为了争夺客户，有可能拼的是价格，而拼价格折损的是利润。第二个层次是前瞻性需求，这需要我们基于当下对客户的未来进行判断。客户未来会遇到什么技术问题，会产生什么样的需求，我们现在就着手研发、着手测试。形象的说法是"在客户未来抵达的地方等候"。如果你把握准了未来需求，一旦到了这个需求节点，那毫无悬念，你的产品或服务就具备了明显的优势与竞争

用客户的头脑来思考:"购买七单元"理论在工业品营销中的应用

力。第三个层次,也是最高层次,是创新性地引领需求。这就更厉害了,需要对客户所在的整个行业趋势进行研究,通过供给的创新,给客户创造出全新的需求,并提供权威的、唯一的解决方案。现代营销学之父菲利普·科特勒有一句经典名言:"优秀的企业满足需求,伟大的企业创造需求。"

客户在需求产生之后,开始调查研究,获取相关的知识、信息和资料。他们会通过何种方式关注呢?网络搜索、到专业机构咨询、到同行公司去学习。好,我们需要提前在互联网上布局,比如官网优化、搜索优化、视频账号和图文账号更新,这就是我们通常所说的"内容营销",专业的说法叫"预埋答案"。客户无论通过哪个平台去搜索和查询,总能看到你的信息。可能是一个简介,可能是一个案例,可能是一篇软文,可能是一段视频,也可能是官方媒体的一篇报道。同时我们需要与科研院所和设计院建立联系,和它们沟通新的技术应用,以便让这些专业机构的专家们了解我们的技术动态。当有客户企业去咨询的时候,他们自然而然会推荐你。我们要积累案例,如果是前沿的技术,我们在做第一批项目的时候，甚至不必考虑利润问题，因为这些案例是无形的广告和背书，会"润物细无声"。还是那句话："在客户未来抵达的地方等候。"

每个供给企业都有自己的市场定位，都有自己的产品层级，也都有自己的价格区间。你未来想深耕哪个行业、哪些企业，你就要匹配这些企业的定位。当客户经历了需求产生、关注之后，如果他的定位与你的定位相符合，那么恭喜你，你已经进入客户的视野了。

考察是一个关键环节。在这个环节里，要既体现你们公司的专业性，又彰显你们公司待客的周到与热情，你们需要把行程安排、接待、讲解、观摩等工作做细，赢得客户的信任。我之前讲过，客户到访，是最好的沟通机会。

在沉淀和深化这两个环节里，不要觉得没有你的事儿了。你要持续地跟进、沟通、说服。因为在这两个环节里，客户的项目组或采购人员仍然需要一些数据来完善其报告内容，所以你要想办法让客户项目组尽可能采用你的基础资料和数据。有销售经验的人都知道，你的

用客户的头脑来思考:"购买七单元"理论在工业品营销中的应用

资料和数据在客户方的考察报告中用得越多、越详细,你成交的可能性越大。

某一天,你坐在自己公司电脑前准备网上投标,或者是在客户公司会议室里准备议标,这时候你应该已经做足功课了。也就是说,你之前已经把成本、价格、利润、交付期等熟记于心。这个时候,你要抛出撒手锏,可能需要让利给出价格底线,或者赠送一些配套服务。如果你成功了,恭喜你!

当然,在成交之后,销售人员的工作并不意味着停止了,你还要继续服务,持续关注本公司生产进度,持续关注产品或技术质量,持续关注客户反馈,并随时做好进一步的沟通,要用好的服务获得客户的赞誉和口碑。对于客户提出的一些意见和建议无论是否正确,你都应该及时反映给本公司有关部门或领导,并在最短的时间内向客户做出反馈。客户首先需要体会到你的态度是否积极,然后才是了解这个意见或建议的实际采纳情况。

说到客户的赞誉和口碑,我们需要重新审视一下

"购买七单元"的理论架构。在我提出这个理论的前一年，也就是 2013 年，智能手机开始大面积普及，以移动社交为代表的手机应用迅速发展，工信部向三大运营商发放 4G 牌照，中国开始进入移动互联网时代。这极大地触发了大众的分享欲——想把图片、视频、文字分享到社交媒体上。而在商业世界里，客户也极有可能通过社交媒体分享成功的产品或服务案例。当然，他分享的前提是对该产品或服务感到非常满意、超出预期、特别成功，在你的产品或服务帮助他完成了重要的项目使命，或者在技术上有明显突破的时候，这个分享欲会到达顶点。同时存在另一个方向的风险，那就是因对产品或服务不满意而触发的"吐槽式"分享，这个行为会给你的公司或产品带来负面影响。从那时候到现在的十多年里，"记录与分享"已经成为当代人的一大习惯。于是就有企业人士给了我一个建议，即"购买七单元"应该加上"分享"，成为八个单元。我认为这个建议有道理，但是如果仍然以成交作为购买动作的结束，我倒是觉得可以把这个理论完善为"购买七单元 +1"。后面的这个"1"，也不单单是分享，而是"体验、分享"，或者"感知、分享"。当然，完善这个理论，修订或再版

附录
用客户的头脑来思考："购买七单元"理论在工业品营销中的应用

《购买全程》是我下一步的计划，今天就不在这里深入探讨了。我想说的是，销售人员一定要注意，用非常好的产品和服务，为客户带来非常好的体验和感知，这对你公司的品牌传播与塑造非常重要。

我们知道，销售人员在工业企业还有一些不同称谓：销售工程师或者销售顾问。那么这两者有什么区别？你的公司，希望你成为销售工程师，不仅懂销售，而且懂技术，这叫岗位定义；而你的客户，却希望你是销售顾问，用你的专业帮助他解决问题。

以"购买七单元"为基础，我们阐述了与之对应的营销策略。回归主旨，我希望销售人员能站在客户的角度思考问题。换位思考，就是要看见自己。我当然知道这说起来容易，但做起来比较困难。因为你有公司定的销售任务指标，你有利润率、回款进度的压力，有卖方的惯性思维和习惯，还面临竞争对手的战术挤压。但是请多一些耐心，多一些练习，多一些代入感，你可以想象你是客户采购的决策者或参与者，你可以设想遇到了技术难题和绩效压力，尝试去思考解决问题的办法，可以模拟通过什么渠道、采用什么方法寻找优秀的候选供应商,你可以模拟用什么视角去考察候选供应商,你可以和自己对话并作出判断……如果你真的具备了这种客户思维,一切都会变得不同。这就是营销之道,这就是最好的答案。